Целительные комнатные растения

КНИГА, КОТОРАЯ ЛЕЧИТ

√ЗОЛОТОЙ УС
√ИНДИЙСКИЙ ЛУК
√КАЛАНХОЭ
√АЛОЭ

Москва
ЭКСМО
2005

УДК 635.9:615.89
ББК 42.374/53.59
Я 27

Печатается с разрешения правообладателя
ООО «Петроглиф»

Художник *Е. Осипова*

Оформление серии и переплета
художника *Н. Кудря*

Ягмешина Т.

Я 27 Целительные комнатные растения. — М.: Изд-во Эксмо, 2005. — 384 с. — (Для дома, для семьи).

ISBN 5-699-10702-9

В книге собраны любопытные полезные сведения об особенностях ухода за наиболее распространенными комнатными растениями, обладающими целебными свойствами. Вы сможете самостоятельно вырастить так популярные сегодня золотой ус, индийский лук и еще несколько десятков растений, чтобы с их помощью поправить здоровье, укрепить иммунитет, повысить работоспособность и создать в доме благоприятную с точки зрения фэн-шуй атмосферу.

УДК 635.9:615.89
ББК 42.374/53.59

ISBN 5-699-10702-9

ПРЕДИСЛОВИЕ

Настоящая книга — это попытка собрать воедино полезные и интересные сведения об особенностях выращивания наиболее популярных комнатных растений, об истории появления их названий, влиянии на здоровье и работоспособность человека, а также их целебных свойствах и препаратах, которые можно приготовить в домашних условиях.

В мире комнатных растений много прекрасного и удивительного. С давних времен люди пытались создать уют в своих домах с помощью растений. Трудно сказать, кто первый принес их в дом и догадался посадить в глиняный горшок, но этот человек оказал всем неоценимую услугу.

В наш век высоких технологий и больших скоростей все меньше и меньше времени остается на спокойное размышление о суетности этого мира на лоне живой природы, поэтому каждое растение в доме или офисе является маленьким оазисом, где мы можем, любуясь сочной зеленью или вдыхая аромат душистых цветов, дать отдых усталым от компьютера и телевизора глазам, обрести покой и душевное равновесие.

Помимо удовлетворения эстетических потребностей человека, растения выполняют еще и санитарно-гигиеническую роль — они очищают воздух. В закрытом помещении углекислого газа в 20 раз больше, чем под открытым небом, поэтому растения, которые поглощают днем, на свету углекислый газ и выделяют кислород, просто необходимы для нас. Кроме того комнатные растения увлажняют воздух и выделяют фитонциды — летучие вещества, убивающие болезнетворные микроорганизмы, поглощают пыль и частично нейтрализуют вредное воздействие магнитных полей. Листья и плоды многих комнатных цветов используются в медицинских целях.

Люди приучили к жизни в комнатах много чудесных растений и разработали целую систему ухода за ними. Одни пришли к нам из тропиков и субтропиков, другие — из пустынь, третьи спустились с гор. Задумывались ли вы как живется этим растениям, вырванным из естественной среды? Что для них плохо, а что хорошо? Наша книга содержит необходимую информацию по надлежащему уходу за наиболее популярными и любимыми цветами.

За последнее время в мире комнатных растений произошло много перемен. У многих цветов, которые считались раньше трудными для выращивания, появились хорошо приспосабливающиеся в домашних условиях виды, были выведены новые декоративные формы уже давно живущих в наших комнатах растений, поменялся взгляд на декорирование помещений. Считается, что в современном доме нет комнаты, которую нельзя было бы украсить живыми цветами.

Меняется мода и предлагаемый ассортимент, но популярность комнатных растений не снижается. По-прежнему большим спросом пользуются различные цветущие растения, всевозможные лианы, пальмы и папоротники. Особенной изысканностью современных интерьеров являются цитрусовые с висящими на них плодами.

Давно прошел бум искусственных цветов, который в свое время захватил и увлек простотой многих жителей нашей страны и дизайнеров офисных помещений. И теперь все чаще в больших холлах можно встретить чудесные живые экземпляры, собранные в хорошо продуманные композиции.

Предлагаемые в нашей книге растения могут удовлетворить самый требовательный вкус, а рекомендации по уходу за ними написаны специально для российских любителей цветов.

В книге даны рецепты использования домашних растений в лекарственных целях. Хотим отметить, что, несмотря на то что многие из них пришли к нам из древности или часто используются жителями на родине того или иного растения, не стоит считать их единственным верным способом оздоровления, а также источником самолечения. Во всех случаях сначала необходима консультация врача, особенно при тяжелых заболеваниях.

КАК РАСТЕНИЯ ПОПАЛИ НА НАШИ ОКНА

Растения, живущие в наших комнатах, особенные. Зимой они довольствуются тусклым светом, проникающим через двойные стекла, влажным воздухом с повышенным количеством углекислого газа и комнатным теплом. Наши лесные и садовые растения таких условий не выдержали бы, а кроме того, зимой они сбрасывают листья и держать их дома становится неинтересно. Как же растения попали на наши окна?

Родина большей части комнатных растений — тропики и субтропики, где они произрастают в лесах, на болотах и в пустынях. Эти растения были привезены к нам из Бразилии, Индии,

Индонезии и других стран и разводятся на наших окнах уже 100, а некоторые и 300 лет.

В тропических лесах влажно и очень тепло (в воздухе много углекислого газа). Такая среда несколько напоминает комнатную. И все же многие из тропических растений погибли, не выдержав новых условий существования. Прижились из них главным образом те, которые легко размножаются вегетативно, т. е. черенками — кусочками стебля. Хорошо акклиматизировались в домашней обстановке растения пустынь Америки и Африки.

У каждого растения, стоящего на наших окнах, своя история, свои потребности и свои биологические особенности. Например, монстера — это лиана тропических лесов. На своей родине, в Бразилии, монстера обвивает тонким стеблем громадные деревья и пробивается сквозь гущу чужой кроны к солнцу.

Фикус — распространенное комнатное растение. Оно происходит из лесов Индии и относится к семейству тутовых. К этому же семейству принадлежат инжир, хлебное и тутовое деревья. В Индии фикус — громадное дерево с целым лесом воздушных корней, подпирающих его могучие ветви. Растет там и маленький фикус репенс, стелющийся по земле или живущий на коре других деревьев. Среди фикусов есть и удивительные лианы, паразитирующие на других растениях, их называют «душителями деревьев».

А вот в комнатах таких «душителей» с удовольствием выращивают в качестве ампельных растений. Горшок с таким цветком обычно подвешивают на проволоке к верхнему краю окна, и стебли ампельного растения красиво свисают вниз.

На наших окнах немало и уроженцев сухих пустынь и степей. В первую очередь это, конечно, кактусы. Морская экспедиция Колумба открыла не только новую страну с древней удивительной культурой, но и не похожий на Европу растительный мир, начиная с различных видов фруктов и овощей и кончая деревьями и цветами, а среди них были и кактусы. Сегодня трудно определенно сказать на каком корабле приплыло к нам это удивительное творение растительного мира. Когда первый идальго осторожно выкапывал кактус из земли, он, конечно, знал, что плоды его съедобны, а у некоторых видов еще и вкусны.

Кактусы весьма неприхотливы, а их семена быстро распространяются (как у нашей малины), поэтому в Испании, Португалии, на Сицилии и в Греции они распространились настолько, что стали бичом сельского хозяйства. Кактусы быстро почувствовали себя «как дома» и сегодня придают своеобразный колорит этим странам.

Но как о комнатном растении о кактусе мы имеем первое письменное сообщение, которое относится к 1570 г. Некий лондонский аптекарь по имени Морган имел несколько видов кактусов и выращивал их для собственного удовольствия. В более пасмурном климате северо-западной и центральной Европы красота этого цветка была более впечатляюща.

Это история только некоторых удивительных растений, которые теперь привычно окружают нас в домашней обстановке, но истории других цветов, в принципе, очень похожи друг на друга: какой-нибудь путешественник, завороженный красотой какого-то удивительного растения, привозил его на родину, или же садовод-любитель хотел каждую секунду видеть своих любимцев и поэтому упорно приучал их жить с ним в комнате. В любом случае, мы можем быть только благодарны этим людям.

КАК РАСТЕНИЯ ПОЛУЧИЛИ СВОИ ИМЕНА

Число видов всех растений на земле огромно. И немало усилий было приложено, чтобы получить о них полное представление и создать современную стройную систематику растений.

Наблюдение за растениями приносило все новые и новые сведения. Число неизвестных видов возрастало, так что со временем отдельные системы, дающие обзор и представление о них, и даже названия отдельных видов необходимо было менять. И в этом вопросе велико значение знаменитого шведского ботаника Карла Линнея (1707—1778), инспектора ботанического сада в Упсале. Он создал и ввел так называемую бинарную номенклатуру, которая легла в основу современной систематики растений и животных. Каждый вид получает двойное наименование, причем первое означает название рода (*genus*), а второе — вида (*species*).

Впоследствии еще многие ученые занимались системой классификации растений, совершенствуя ее и дополняя. Здесь можно упомянуть книгу французского натуралиста Мишеля Адансона (1727—1806) «Семейства растений», в которой впервые было предложено использовать математические методы в систематике растений, а также книгу французского ботаника Антуана Лорана Жюсьё (1748—1836) «Роды растений, расположенные, согласно естественному порядку».

В итоге официальное ботаническое название любого растения стало состоять из трех слов, например: *Phyllodendron martianum Engl.* На первом месте стоит название *рода*, которое указывает на близких родственников данного растения, в нашем случае это — филодендрон *(Phyllodendron)*.

Второе название позволяет отличить конкретное растение в этом роде или, по-другому, определить *вид*. В нашем примере *martianum* означает, что это филодендрон Марциуса, а не филодендрон цепляющийся (*Ph. scandens)* или не филодендрон бородавчатый (*Ph. verrcosum).* Всего род филодендрон насчитывает более 270 видов.

И наконец, третье слово в имени растения означает фамилию ботаника, который классифицировал и дал официальное название конкретному растению. В рассматриваемом случае «филодендрон Марциуса» придумал немецкий ботаник Адольф Генрих Густав Энглер (1844—1930), который знаменит еще и тем, что являлся организатором ряда фундаментальных справочных изданий по ботанике.

Часто ботаники не выписывают полностью фамилию человека, впервые давшего название растению, тогда после первых букв фамилии в названии растения ставят точку — *Engl.* Самую знаменитую фамилию — Линней — вы можете увидеть в виде одной-единственной буквы — *L.* Ботаникам с краткой фамилией повезло больше: их фамилии пишут полностью и точку не ставят. Бывает, что названия растений придумывают несколько человек вместе. В этом случае в названии стоит целая вереница имен, часть из которых иногда берется в скобки.

Растения одного вида могут отличаться окраской листьев и цветков, размерами, т. е. общим обликом. Для того чтобы их отличить, к названию добавляют еще название *сорта (cultivar)* или *формы (forma)*. Названия сортов пишутся на том языке, который предпочел для обозначения конкретного растения селекционер, и выглядят так: cv. *«Ledy Diana»* — сорт «Леди Диана». Название форм пишут на латыни: *f. variegata* — разноцветное растение, *f. nana* — низкое и т. д.

ЛЕКАРСТВЕННОЕ ИСПОЛЬЗОВАНИЕ РАСТЕНИЙ В ДРЕВНОСТИ

Сведения об использовании целебных свойств растений можно найти в памятниках древнейших санскритской, европейской, китайской, греческой и римской культур. Найденный известным немецким египтологом и писателем Георгом Эберсом (1837—1898) древний, написанный на папирусе медицинский трактат «Книга приготовления лекарств для всех частей тела» содержал обширный материал и о применении растений в лекарственных целях. Он был опубликован в 1875 г. под названием «Папирус Эберса». При расшифровке иероглифов было обнаружено, что, по-видимому, сведения о целебных свойствах растений египтяне заимствовали у вавилонян и ассирийцев, поскольку свитки содержали много вавилонских названий.

Из этого древнего источника мы узнаем, что египтяне применяли различные мази, примочки, микстуры довольно сложного состава, широко использовали душистые масла, бальзамы, смолы. Уже в то время были хорошо известны целебные свойства алоэ, цитрусов и многих других растений.

Глиняные таблички, написанные клинописью с описанием лекарственных растений и указанием заболеваний, при которых они используются, были обнаружены в древней библиотеке ассирийского царя Ашшурбанипала в Ниневии (около 660 до н. э.).

Первая китайская книга о лечебных свойствах растений была написана в 2600 г. до н. э. Известный врач Ли Ши-чжень (1522—1596) написал книгу «Основы фармакологии», где дал подробную характеристику более 1500 лекарственных средств, изготавливаемых из растений. Этот труд был переведен на многие языки мира. На него до сих пор ссылаются современные целители.

Абу Али Хусейн Абдаллах Ибн Сина (ок. 980—1037), известный нам как Авиценна — иранский философ, ученый, поэт и врач, в своей энциклопедии теоретической и клинической медицины «Канон врачебной науки» описал около 900 видов лекарственных растений. Этот труд был обобщением взглядов и опыта греческих, римских, индийских и среднеазиатских врачей и оказывал наибольшее влияние на ученых Востока и Европы в течение нескольких столетий. До наших времен сохранились немногочисленные стихи оригинала и около 30 изданий на латинском языке.

С именем древнегреческого врача Гиппократа (ок. 460 — ок. 370 до н. э.), реформатора античной медицины, связано представление о высоком моральном облике и образце этического поведения врача. В своей лечебной практике он широко использовал многочисленные растительные препараты. Известно описание более 200 видов растений, признанных древнегреческой медициной в качестве лечебных средств. Именно со времен Гиппократа начинает свое развитие научная медицина.

Большой вклад в учение о лекарственных свойствах растений внес знаменитый древнеримский врач и фармацевт Клавдий Гален (ок. 130—

200). Всего им написано около 200 трудов по медицине, которые неоднократно переводились на латинский, арабский, сирийский и персидский языки. Он был одним из основателей технологии получения лечебных препаратов (настойки, экстракты и др.) из растительного сырья. Они получили название галеновы препараты и до сих пор не утратили практического значения в медицине.

Раскопки курганов и поселений древних славян свидетельствуют о том, что и они применяли лекарственные растения, в том числе и ядовитые.

С принятием христианства и распространением письменности на Руси появляются первые книги, а среди них и так называемые травники или лечебники. Сохранился экземпляр русского лечебника «Мази», составленный Евпраксией — внучкой Владимира Мономаха. Это был первый медицинский труд, автором которого была женщина.

С углублением научных и медицинских открытий расширялись и знания о химическом составе, выращивании, сборе и практическом применении растений.

КЛАССИФИКАЦИЯ КОМНАТНЫХ РАСТЕНИЙ

По своим особенностям и декоративным качествам комнатные растения подразделяются на несколько групп. К самой большой и, наверное, самой любимой группе относятся все ***цветущие*** виды.

В любое время года найдутся растения, радующие нас цветами, особенно в осенне-зимний период. Эта группа делится на *декоративноцветущие* и *декоративноцветущие горшечные*. К первым относятся растения, у которых после цветения листва не отмирает и их после этого оставляют на месте. Вторые же не сохраняют листву, но луковицы и клубни некоторых из них можно оставить до следующего сезона.

Ко второй группе относятся ***декоративнолис-тные***. Они могут стать неотъемлемой частью комнаты. Разные формы и окраска листьев растений при продуманной расстановке и гармоническом сочетании с интерьером может создать необыкновенный уют и украсить жилище. Эти растения при правильном уходе могут жить очень долго и оставаться привлекательными. Листья не опадают и сохраняют зеленый цвет круглый год. Лишь некоторые виды нуждаются в прохладном содержании в зимнее время.

Вьющиеся и ампельные растения часто выделяют в отдельную группу, хотя, скорее всего, их правильнее было бы отнести к декоративным растениям. Ими можно украсить все что угодно: стены, окна, высокую мебель. Все зависит только от вашего желания и вкуса — выбор почти безграничен.

В особую группу комнатных растений можно выделить ***кактусы***. Эти удивительные растения поражают многообразием форм, оригинальными цветками и загадочностью — некоторые виды кактусов цветут среди ночи. Эти растения привлекают к себе из-за простоты ухода за ними и возможности выращивать на одном подоконнике множество различных видов. Они способны по многу лет жить и цвести в комнатных условиях.

Давайте рассмотрим подробнее каждую группу растений.

Цветущие растения

Цветущие растения — это любимцы каждого цветовода. Их широко используют в аранжировках и композициях.

Невероятно широк выбор этих цветов. Одни могут расти в маленьких горшочках, другие — в огромных кадках, иметь совсем крошечные цветочки и огромные соцветия. Они могут обладать чудесным ароматом и отвратительно пахнуть. Некоторые виды цветут один день, другие — почти круглый год. Для любого времени года можно подобрать необходимое растение.

Но не все цветущие растения выращивают ради цветков, некоторые, например цитрусы, — ради плодов. Плоды могут быть съедобными, а могут просто выполнять декоративную функцию.

Некоторые виды этих растений после цветения теряют свою привлекательность, хотя и не сбрасывают листву, которая либо тускнеет, либо сама по себе не интересна. Их лучше использовать в различных композициях. А у некоторых — такие красивые листья, что ради них только и содержат растение. Прежде чем покупать растение, необходимо выяснить, к какому типу оно относится. Если вы хотите использовать его как постоянное украшение, то не следует покупать цветок, который отомрет после цветения.

Существует несколько общих правил содержания этих растений. Почти все они любят хорошее освещение, прохладный воздух, влажную землю и требуют к себе повышенного внимания и ухода, т. к. чаще других болеют.

Декоративнолистные растения

Растения этой группы выращивают ради красоты листьев. Их часто используют для фона в различных композициях. Многие имеют очень привлекательную яркоокрашенную листву и сами по себе являются украшением комнаты. Много видов с пестроокрашенными листьями — полосатыми, пятнистыми, с белой и кремовой серединой.

В последнее время появилось много новых сортов и разновидностей таких известных растений, как фикус, фатсия японская и монстера. Часть декоративнолистных растений цветет, но цветы обычно недекоративны, а длительность периода цветения мала. Общих рекомендаций по уходу за этой группой растений нет. Обычно виды с большими блестящими листьями выносливы к любым условиям освещения и влажности, пестроокрашенные часто бывают более требовательными.

Вьющиеся и ампельные растения

Это группа растений со свисающими побегами, вьющимися, стелющимися или ползучими стеблями и декоративными листьями. Свое название получила скорее всего из-за того, что эти растения обычно высаживают в подвесные емкости или, по-другому, ампли, что в переводе с немецкого языка означает «висячая ваза для цветов». Существут более романтическая история происхождения названия этой группы растений. Греческий бог виноградарства и виноделия Дионис подарил юноше по имени Ампел виноградную гроздь, но повесил ее слишком высоко на дереве. Поднявшись за нею, юноша упал и разбился, но был превращен в созвездие «Ampelos», по-гречески «виноград».

Ампельные растения очень удобно выращивать, потому что они быстро растут и им можно придать практически любую форму, направляя их ветви в требуемую сторону. Этим широко пользуются при создании живой скульптуры.

Следует отметить, что ни одна цветочная композиция не обходится без ампельных растений. Конечно, их можно выращивать не только в подвесных вазах. Самое главное — выбрать такое место, где нужна их вьющаяся декоративность.

При ампельном способе выращивания растения с мелкими листьями часто используют для прикрытия почвы или декорирования горшка в цветочных композициях.

Как и декоративная группа, ампельные растения тоже не имеют общих рекомендаций по выращиванию.

КАК УХАЖИВАТЬ ЗА КОМНАТНЫМИ ЦВЕТАМИ

Растения, как и все формы жизни на земле, оказывают активное сопротивление любым напастям. Но иногда им приходится бороться не только со своими болезнями, но и с нашим неправильным уходом.

Прежде чем приобрести растение, необходимо изучить его особенности и способ выращивания. Тем не менее существуют общие правила ухода за растениями, с которыми необходимо ознакомиться перед тем, как заняться домашним цветоводством.

Если цветы давно являются вашими верными спутниками и украшением квартиры, то этот раздел поможет вам лучше понять ваших «зеленых друзей» и, возможно, улучшить их условия обитания. И они не замедлят ответить на вашу заботу бурным ростом, небывалым цветением и свежестью листвы.

Что такое растение

Необходимо знать, что из себя представляют растения, чтобы понять, как правильно ухаживать за ними.

Важнейшее отличие растений от других живых организмов — способность к синтезу всех необходимых органических веществ из неорганических. При этом зеленые растения используют энергию солнечных лучей, т. е. осуществляют фотосинтез — процесс, в результате которого создается основная масса органических веществ и поддерживается газовый состав атмосферы. Таким образом, растения — главный источник пищи и энергии для всех других форм жизни на Земле. Рассмотрим основные органы растений и попробуем понять процессы, протекающие в них.

Корни — это подземные части растения. Они весьма разнообразны по форме, но всегда выполняют одну и ту же функцию — всасывают питательные вещества и воду из почвы, а также выполняют функцию якоря.

Кроме того, они служат для выделения некоторых продуктов обмена, а также могут являться хранилищем полезных веществ.

Огромную роль в процессе всасывания играют крошечные корневые волоски, поэтому при пересадке растения необходимо проявлять осторожность.

Корни, как и наземные части растений, дышат, т. е. поглощают кислород и выделяют углекислый газ. Поэтому необходимо рыхление почвы.

Прищипывание главного корня может помочь развиться корневым придаточным корешкам и тем самым увеличить поступление питательных веществ к растению.

Часто корни служат для вегетативного размножения.

Корни выполняют и другие функции. Они синтезируют гормоны роста, алкалоиды и другие физиологически активные вещества.

Следующая часть растения — *стебель.* Он выполняет опорную (на стебле располагаются листья, цветки, плоды) и проводительную функцию — доставляет от корня листьям воду и питательные вещества, а от листьев к корням, цветкам и плодам выработанные листьями органические вещества.

Стебли бывают прямостоячие или лазащие. Совершенно иначе выглядит стебель у кактусов. Он необыкновенно разрастается и служит своеобразным контейнером, накапливающим питательные вещества и воду, и, кроме того, выполняет роль листьев. У некоторых растений стебель образует луковицы под землей и выполняет функцию размножения.

Листья участвует в таком жизненно необходимом процессе, как фотосинтез, при котором в хлорофилловых зернах листьев из углекислого газа, воды и минеральных солей создаются органические вещества и кислород.

Через устьица, находящиеся на нижней стороне листа, происходит не только поглощение газов, но и испарение воды, что предохраняет растение от перегрева. Поэтому важно, чтобы листья растения всегда были чистыми.

Цветки являются не только украшением любого растения, основная их функция — образование плодов и семян. Цветок — это целая система органов, причем достаточно сложная.

Цветки бывают самых разных форм, размеров и окрасок. Одни издают ароматные, душистые запахи, другие нет.

На продолжительность цветения влияют такие факторы, как свет, питание, влажность, тепло и воздух.

Еще один важный орган растения — *почки*. Это сильно укороченные зачаточные побеги. Различают ростовые и цветочные почки. Цветочные обычно больше и круглее ростовых. Еще различают спящие и придаточные почки, способные прорастать при определенных условиях. Этим широко пользуются в комнатном цветоводстве при формировании кроны, омолаживании растений и черенковании.

Плод — это результат видоизменения цветка. Американский ботаник Артур Имс (1961) определяет плод как «зрелый цветок». Плод служит для формирования, защиты и, очень часто, распространения заключенных в нем семян. Как и другие части растения, плоды бывают самых различных видов, форм и окрасок. Многие из них съедобны, вкусны и полезны.

Смена сезонов года и комнатные растения

Соотношение длины дня и ночи имеет огромное значение в жизни комнатных растений. А это как раз и зависит от времени года. Питательные вещества вырабатываются в растениях в светлое время суток, а расходуются они непрерывно — на дыхание, испарение и прирост.

Для хорошей жизнедеятельности растений необходим постоянный источник энергии. Таким источником является Солнце — экологически чистый и нескончаемый поставщик энергии. Поэтому самый благоприятный период жизни растений — лето. Длинные светлые дни и короткие теплые ночи, обилие солнечного света и тепла обеспечивают растениям хороший рост и цветение. В это время года их требуется обильно поливать и 2 раза в неделю подкармливать минеральными солями. Благодаря этому растения откладывают в корнях, стеблях и листьях запасы питательных веществ.

В солнечные дни рекомендуется выставлять комнатные растения на открытый воздух, а в прохладные дождливые летние дни необходимо прекращать подкормку и уменьшать полив.

Осень — это критический период в жизни комнатных растений. В это время они перестают расти и переходят к состоянию покоя, поэтому очень важно этот переход сделать как можно более плавным. Многие цветущие растения под лучами осеннего солнца еще продолжают цвести, поэтому по-прежнему нуждаются в хорошем поливе, а вот прирост новых побегов нежелателен, поэтому подкормку сначала сокращают до 1 раза в неделю, а затем и вовсе прекращают.

Полив тоже уменьшают после того, как растения отцветут. В холодную и сырую погоду некоторые растения, особенно фикусы, алоэ и кактусы, поливают даже реже, чем зимой.

Таким образом растения переходят в состояние покоя, т. е. экономно расходуют питательные вещества.

Зима для комнатных растений начинается не по календарю, а в ноябре. Это самый тяжелый период в их жизни. В это время все растения страдают от нехватки солнечного света, а наиболее светолюбивые из них нуждаются в дополнительном освещении, для чего используют люминесцентные лампы.

Необходимо помнить, что декабрь — самый темный месяц в году. При размещении растений вдали от окон дополнительное освещение должно быть предоставлено растениям не менее 10 часов в сутки. Следует учитывать, что освещение в жилых помещениях ухудшается еще более, если стены оклеены несветлыми обоями.

Переходным периодом от зимы к весне является февраль. Дни становятся длиннее, и солнечные лучи заметно повышают температуру в комнатах. В это время уже можно отказаться от дополнительной подсветки.

В марте для комнатных растений наступает настоящая весна. У светолюбивых растений после обрезки чахлых зимних побегов начинается здоровый молодой рост. Условия жизни растений непрерывно и быстро улучшаются, и вместе с этим все интенсивнее идет их развитие. Весной уже можно выставлять растения под открытое небо, но обязательно убирать на ночь.

Чтобы разумно вести уход за комнатными растениями, необходимо ясно представлять закономерности, связанные с вращением Земли вокруг Солнца:

22 июня — летнее солнцестояние, самый длинный день в году;

23 сентября — осеннее равноденствие, день равен ночи;

22 декабря — зимнее солнцестояние, самая длинная ночь в году;

21 марта — весеннее равноденствие.

Необходимые условия выращивания

Световой режим

Одним из первых условий правильного роста и развития растений является световой режим. Почти все комнатные растения светолюбивы и различаются по степени теневыносливости и восприятию прямых солнечных лучей.

Количество солнечного света зависит от расположения комнаты (с севера солнечные лучи совсем не попадают), размеров окна, наличия высоких домов по соседству и даже от цвета обоев в комнате (темные обои поглощают часть солнечного света). На количество солнечных лучей может повлиять и чистота стекол.

Наиболее удобны для выращивания растений светлые комнаты с окнами на юг, восток и запад. А в темных комнатах, выходящих на север, часто применяют досвечивание люминесцентными лампами мощностью 15—20 Вт, из расчета 10 ламп на 1 $м^2$. Лампы обычно используют в зимний период, включая их таким образом, чтобы световой день продлить до 10—12 часов. Обычные лампы накаливания принесут мало пользы домашним растениям, поскольку содержат в себе в основном красный спектр, а необходимо равномерное распределение синих и красных лучей.

Цветы, расположенные в глубине комнаты, нуждаются в дополнительном освещении круглый год.

Перечень растений, которые хорошо растут в комнатах с недостаточной освещенностью, невелик. К ним, например, относятся: аукуба, аспидистра, бегония, плющ, папоротники и пальмы.

Такие растения, как лимон, апельсин и камелия, очень чувствительны к перемене освещения, поэтому им сразу необходимо выбрать место и больше их не переставлять.

Поскольку все зеленые растения тянутся к свету, а свет в комнатах идет только с одной стороны, то все они принимают немного однобокую форму. Этого можно избежать, выращивая вечнозеленые декоративные растения: пальму, драцену, фикус, монстеру, аукубу, аспидистру, аспарагус и циперус, по мере роста постепенно поворачивая их к свету разными сторонами.

Красивоцветущие растения: розы, фуксии, пеларгонии, бегонии, нуждаются в прямым солнечных лучах во время бутонизации, поэтому их лучше не трогать — ветви, обращенные к свету, дадут пышное цветение, и вот тогда их можно будет развернуть в сторону комнаты.

Тепловой режим

Выбирая место для того или иного растения, необходимо учитывать тепловой режим или, попросту говоря, температуру в комнате.

Существуют 3 группы растений:

- Растения, которые переносят любую комнатную температуру: алоэ, алоказия, аспидистра, аукуба, пальма, плющ, монстера, фикус и др.
- Теплолюбивые растения. Для них необходимо поддерживать температуру не ниже 15°С. К таким относятся бегония, колеус, антуриум, сенполия и др.
- Растения, которым зимой необходимо прохладное содержание: пеларгония, камелия, роза и др.

Очень важно правильно разместить растения именно зимой. Камелию, олеандр, примулу, пеларгонию, фуксию и гортензию хорошо расположить на подоконнике, ближе к стеклу. Цикламен не будет цвести в теплых комнатах, его надо ставить в прохладное место (10—12°С), например между рамами.

Отдыхающие зимой цветы, например розы, тоже нужно содержать в прохладе (около 3—5°С).

Все, без исключения, растения необходимо оберегать зимой от резких колебаний температур, поэтому их лучше не ставить на окно, где вы регулярно пользуетесь форточкой, или прикрывать растения при проветривании газетой или пленкой.

Не следует держать их близко к батареям отопления. Резкие колебания температур спокойно переносят только кактусы.

Воздушный режим

Комнатным растениям в большинстве нужен свежий и чистый воздух. Для этого помещение необходимо регулярно проветривать и следить за его чистотой — многие растения не любят «дышать пылью» и не переносят табачный дым.

При проветривании двери надо закрывать, поскольку сквозняки вредны, особенно тропическим видам.

Потребность в свежем воздухе увеличивается в период активного роста.

Растения лучше растут, когда воздух не слишком сухой. Для его увлажнения между ними и на батареи можно ставить емкости с водой.

Воздух необходим также корневой системе, поэтому нельзя допускать образования корочки на поверхности земли и время от времени осторожно разрыхлять ее.

Режим полива

Одним из самых важных условий жизни растений является правильно выбранный режим полива.

Пересушивание земляного кома приводит к подсыханию корневой системы и как следствие засыханию растения, а переувлажнение приводит к загниванию корней, образованию плесени и грибков, с которыми очень тяжело бороться.

Если земляной ком настолько пересох, что вода при поливе стекает вдоль стенок, то горшок с цветком необходимо поставить в таз с водой и держать до тех пор, пока вода через отверстие внизу не пропитает всю землю в горшке.

Если растение залито, его тоже можно попытаться спасти. Для этого вынуть его из горшка вместе с комом земли, обрезать загнившие корни и пересадить в емкость меньшего размера, предварительно насыпав туда песок, перемешанный с землей.

Научиться определять правильный режим несложно. Для большинства растений полив необходим, когда верхний слой земли просохнет и станет серого цвета.

Существует несколько основных правил полива:

- Для полива растений хорошо иметь специальный сосуд, где бы вода могла предварительно отстояться от хлора и нагреться до комнатной температуры.
- В жаркую погоду растение поливают чаще, в основном вечером.
- Растения в маленьких горшках поливают чаще, поскольку запас влаги в меньшей посуде расходуется быстрее.
- Сильные и здоровые растения поливают обильнее, чем хилые и слабые.
- Период бурного роста требует более обильного полива.
- Растения в период покоя и растения, сбросившие на зиму листья, нужно поливать очень редко.
- Нельзя поливать растения кипяченой водой, поскольку в ней нет кислорода.
- Растения рекомендуется поливать, наливая воду в плошку, подставленную под горшок, или сверху, направляя струю ближе к стенке сосуда.

Весной и летом многие комнатные растения нуждаются в опрыскивании, которое обычно производят из пульверизатора или венчиком. При этом следует придерживаться следующих правил:

- Для опрыскивания лучше брать дождевую или дистиллированную воду.
- Ночью и при прямых солнечных лучах листья должны быть сухими, поэтому опрыскивать следует утром или ранним вечером.
- В холодную погоду растения не стоит опрыскивать.

Пыль задерживает проникновение солнечного света к растениям, поэтому, кроме поливки и опрыскивания, растения обмывают. При этом необходимо помнить следующее:

- Использовать мягкую губочку или тряпочку, смоченную теплой водой.
- Обмывая верхнюю часть листа, не забывайте про нижнюю.
- Не следует сильно тереть листья, иначе можно снять с них защитную пленку.
- Если растение сильно загрязнено, то его можно протереть мыльной тряпочкой, после чего промыть чистой водой.

Обмывают растения и под душем, предварительно прикрыв горшок с землей полиэтиленовым пакетом, чтобы не смыть часть земли.

Подбор емкости

Наиболее предпочтительной посудой для комнатных растений являются обыкновенные глиняные горшки. Они имеют пористые стенки, через которые к корням поступает воздух. Земляной ком в таких горшках высыхает быстрее, чем, например, в глиняных горшках, покрытых глазурью. Правда, в последних нет доступа кислорода к корням.

Большинство растений может хорошо расти и в пластиковых горшках, следует только помнить, что они менее устойчивы и быстро нагреваются на солнце.

Для больших растений используют кадки и ящики. В таких емкостях корневая система растений не страдает от температурных перепадов, поскольку дерево обладает плохой теплопроводностью.

На дне цветочных горшков необходимо иметь водосточное отверстие, а стенки внутри должны быть гладкие, чтобы легко вынимался земляной ком с корневой системой.

Под каждый горшок подставляют блюдце или поддон, который может быть из того же материала, что и горшок, чтобы вода из горшка не попадала на подоконник.

Почему нужны удобрения

Корневая система растения в естественных условиях занимает гораздо больший объем, чем тот, который мы можем предоставить ему в домашних условиях. К тому же питательные вещества в результате периодических поливок просто вымываются из земли. Поэтому для хорошего роста, цветения, а также плодосозревания необходима регулярная подкормка зеленых питомцев.

Удобрения вносят обычно после весенней пересадки растения и в период активного роста. Используют органические, минеральные удобрения и микроэлементы.

Растения очень полезно подкармливать жидкими удобрениями. Перед внесением удобрения необходимо предварительно полить растение чистой водой. Необходимо помнить, что крепкие растворы не приносят пользы, потому что могут обжечь корни растений. Лучшее время для подкормки — после вечернего полива.

Больные, только что пересаженные или находящиеся в состоянии покоя растения подкармливать не стоит. Вводить удобрения можно через 2—3 недели после пересадки. В холодную и дождливую погоду подкормку также делать не стоит. В это время процессы, протекающие в растении, замирают и удобрение просто не будет «съедено».

Цветущие растения следует подкармливать с момента появлением бутонов и до конца цветения.

Интересно, что кактусы, за исключением эпифиллюмов и зигокактусов, в подкормке совсем не нуждаются.

Существует еще один способ удобрения растений, который является хорошим дополнением (но не заменой) к основному. Это удобрительные опрыскивания. Раствор из 0,3% аммиачной селитры, 2—3% суперфосфата и 0,5% хлористого калия с помощью пульверизатора наносят на листья и стебли вечером или в пасмурные дни, 4—5 раз за лето. На следующий день после этого все растение опрыскивают чистой водой.

Рассмотрим все виды удобрений подробнее.

Органические удобрения

К органическим удобрениям относятся перегной, торф, компост, роговые стружки, костная мука. Они обычно входят в состав смесей, которые продаются для посадки растений.

Иногда к поливной воде можно прибавлять немного молока (1 чайная ложка на 1 л воды) или воду, в которой мыли свежее мясо или рыбу (ее надо процедить). Это тоже является хорошим органическим удобрением. В такой воде содержатся производные азота, фосфора, калия, серы, кальция, магния, железа, марганца, меди, бора, цинка и других химических элементов.

Весьма питательным органическим удобрением является куриный помет, коровий навоз и зола. Правда готовить его нужно не в комнате. 5 г сухого помета размешивают в 1 л воды, оставляют на 10 дней бродить, потом разбавляют наполовину водой и поливают. Навоз настаивают из расчета 30 г на 1 л воды. Настой золы — хороший источник калия и фосфора. На 1 л воды берут 25 г золы и настаивают 5 дней.

Минеральные удобрения

Из минеральных удобрений используют азотные — аммиачная селитра, мочевина и сернокислый аммоний, фосфорные — суперфосфат и калийные — хлористый калий и калийная соль.

Азотные удобрения усиливают рост листьев и стеблей, что может задержать начало цветения, поэтому их вносят небольшими дозами.

Аммиачная селитра и мочевина содержат до 40% азота, который способствует быстрому росту растений. Эти удобрения начинают вносить сразу после периода покоя, небольшими дозами через каждые 10 дней, т. к. азот быстро вымывается из почвы.

Сернокислый аммоний хорошо применять вместе с известью из-за трудности усвоения содержащегося в нем азота.

Суперфосфат обычно вносят перед началом бутонизации и цветением. Удобен в применении гранулированный суперфосфат.

При использовании минеральных удобрений нет необходимости часто пересаживать растения в большие горшки, при этом, чем меньше посуда, тем скорее они зацветают.

Готовые смеси минеральных удобрений имеются в продаже во всех цветочных магазинах. На каждой смеси указан ее состав и способ применения.

Микроэлементы

Микроэлементы также необходимы всем растениям. В цветоводстве применяют борные и молибденовые удобрения, реже — медные, марганцевые, цинковые и кобальтовые.

Борные удобрения продаются под названием борат натрия и борсодержащий простой суперфосфат. Их вносят в почву до посева семян, перемешивают с минеральными удобрениями, а также используют при внекорневой подкормке. Рекомендуется замачивание семян в растворе борной кислоты из расчета 0,1 г на 1 л воды.

Как *марганцевое удобрение* применяют марганизированный суперфосфат, сульфат марганца и марганцовокислый калий (простая марганцовка). В сильно кислые почвы марганец вносить не стоит, поскольку он увеличивает кислотность. Эти удобрения используют для подкормки и предпосевной обработки семян.

Молибден продается в виде молибденовой соли. Этот микроэлемент особенно важен для бобовых и цитрусовых растений. Он содержится также в золе и навозе. Основные способы использования молибденосодеражащих удобрений — это смачивание или опудривание семян до посева и опрыскивание (0,3 г молибденовой соли на 1 л воды).

Цинковые удобрения существуют в виде сернокислого цинка. Этот микроэлемент содержится также в навозе и суперфосфате. Цинковые удобрения вносят в почву до посева, или же обрабатывают семена и используют при опрыскивании (1 г сульфата цинка на 1 л воды).

Прищипывание и обрезание

Чтобы комнатные растения имели красивый, ухоженный вид, необходимо с самого начала управлять их ростом, придавая им желаемую форму. Например, чтобы сделать красивую форму куста у молодого растения сразу срезают верхушку, вызывая развитие боковых ветвей, а для придания растению формы деревца у него удаляют нижние боковые ростки. Цветущие растения (фуксии, пеларгонии) обрезают каждую весну перед возобновлением роста. А если у роз сразу обрезать каждую отцветшую ветку до первой сильной почки, тогда они будут цвести почти непрерывно.

Растения, у которых цветочные побеги образуются из верхних почек, обрезать нельзя. У них удаляют только больные и лишние ветви.

Старые и оголившиеся растения можно обрезать почти на $^2/_3$, чтобы вызвать рост новых побегов и тем самым омолодить растение.

Обрезку проводят острым ножом, присыпая места срезов толченым углем, а если обрез «слезится», сбрызгивают это место водой. Самое подходящее время для обрезки — до того, как появятся новые побеги или сразу после цветения.

С помощью обрезки, вашей фантазии и небольшого терпения из растения можно создать целую скульптуру. Прежде чем приступить к «ваянию», подбирают отрезок крепкой, но хорошо гнущейся проволоки, лучше всего толщиной 2,5—3 мм. Затем на доске рисуют шаблон, по его периметру набивают гвозди и укладывают по ним проволоку.

Полученный контур можно затянуть сеткой из более тонкой проволоки и прикрепить к нему побеги вьющегося растения. Таким образом, уже через несколько недель можно получить плотную зеленую фигуру. Для этих целей подходят растения с длинными ветвями: плющ, лазающий карликовый фикус или вьющийся жасмин лекарственный.

Контур можно сделать и объемный. Воткнув проволочную опору в землю, необходимо равномерно распределить ветви по ней и закрепить маленькими кусочками проволоки.

Ветви, неудобно растущие для этого и слишком длинные, надо сразу обрезать. Затем в процессе роста побегов их закрепляют дальше на каркасе и удаляют лишние части. Со временем проволочный каркас весь покроется растением и очертания станут четкими. Когда контурной опоры не будет видно, можно считать, что скульптура готова.

Размножение растений

Существует два способа размножения растений: *семенной* (высеивание семян) и *вегетативный* (укоренение частей растений).

Размножение семенами в комнатных условиях применяют сравнительно редко, потому что это занимает больше времени и места, значительно отодвигает сроки начала цветения и плодоношения и часто приводит к потере сортовых признаков, к тому же большинство растений прекрасно размножается вегетативно.

Размножение семенами

Для посева семян необходимо приготовить цветочные горшки, плошки или маленькие ящички, хорошо промытые и предварительно продезинфицированные формалином.

На дне посуды следует сделать дренаж. Для этого используют битые черепки, уложенные кверху выпуклостями, и присыпают крупным промытым песком с кусочками древесного угля.

Земельную смесь готовят исходя их особенностей выращивания конкретного растения. Обычно это лиственная и перегнойная земля со значительным количеством песка. Земля должна быть теплой, рыхлой, хорошо впитывать влагу и не содержать сорняков.

Семена необходимо брать свежими: чем больше срок их хранения, тем хуже всхожесть. Например, у цитрусовых, папайи и какао семя высеивают сразу после того, как вынут из плода.

Мелкие семена высевают поверхностно, чуть присыпав землей, крупные (цитрус, пальма) закрывают сверху слоем посевной земли, в 2 раза превышающим его толщину.

Сроки высеивания семян различны. В конце февраля начинают высевать летние цветы, а другие — в марте — апреле. Для хорошей всхожести семена часто покрывают стеклом или полиэтиленом и не поливают, а лишь опрыскивают и увлажняют почву.

Для более быстрого прорастания семян посуду ставят вблизи батарей отопления и поддерживают температурный режим около 20—25°С. После появления сеянцев емкость переставляют ближе к свету.

Самый распространенный способ — это *черенкование.* Его обычно проводят весной (по окончании периода покоя) или в начале лета. Одревесневшие черенки укореняют осенью.

Черенки бывают разные: стеблевые, листовые и корневые.

Стеблевые черенки срезают острым ножом так, чтобы срез находился сразу под узлом, из которого впоследствии должны развиться корни. Затем нижние листы обрывают и производят укоренение в воде, песке или почвенном субстрате. После появления корней черенок высаживают в небольшой горшок.

Декоративнолистные бегонии, сансевьеры, сенполии и многие другие декоративные растения размножаются *листовыми черенками.* Лист растения отламывают, надрезают по главным жилкам и сажают во влажную земляную смесь.

При размножении *корневыми черенками* во время пересадки отрезают кусок корня с 2—3 почками, который затем высаживают в отдельный горшок.

Размножение отпрысками — самый легкий способ размножения растений в комнатных условиях. Отпрыски — это вполне сформировавшиеся растеньица.

Они легко отделяются от материнского растения. Их сразу высаживают в маленькие горшочки, где они быстро приживаются в любое время года.

Размножение луковицами. Таким способом размножают зефирантес, кринум и др. В пазухах чешуй или около старой луковицы образуются «детки», которые можно отделять, когда у них появляются свои собственные корешки.

Молодые луковицы высаживают в отдельные горшочки и ухаживают так же, как и за большими растениями.

Пересаживание растений

Пересадку комнатных растений лучше проводить весной — с марта по май.

Чтобы понять, требуется ли растению пересадка, необходимо немного понаблюдать за ним. Приостановка в росте, пожелтение листьев, потеря цвета, недоразвитые побеги, мелкие цветки и раннее их осыпание, выпирание кома из горшка — все эти признаки говорят о необходимости пересадки.

Иногда по внешним признакам невозможно определить, стоит ли пересаживать растение или нет. Тогда осматривают земляной ком. Для этого растение осторожно вынимают из горшка вместе с землей. Если процесс не составил труда и мы видим, что корневая система хорошо видна и образовала плотную массу, то растение пора пересаживать.

Взрослые и кадочные растения пересаживают редко (раз в 5—7 лет), а молодые растения нуждаются в ежегодной пересадке.

Вечнозеленые растения пересаживают вместе с комом земли. Лучшее время для их пересадки с конца февраля до мая.

Листопадные можно пересаживать без кома, но в этом случае требуется обрезка кроны, т. к. поврежденная корневая система не сможет работать в полную силу. Их пересаживают в период покоя, а переваливать можно в любое время года.

Цветущие растения пересаживают после цветения, листопадные луковичные — после пожелтения листьев. При пересадке молодых растений горшки берут больше в диаметре на 2—3 см.

Если корни растения приходится сильно обрезать в случае какого-нибудь заболевания или загнивания, то порезы толстых корней смазывают или присыпают углем, а размер горшка оставляют тем же или уменьшают на 2—3 см.

В новом или хорошо промытом старом горшке перед посадкой делают дренаж из черепков и крупного песка (или керамзита). Слой дренажа обычно зависит от размера посуды: 0,5 см в мелких и средних горшках и 3—5 см — в крупной посуде и кадках. Затем насыпают земельную смесь в соответствии с требованиями конкретного цветка. Растение располагают таким образом, чтобы место перехода корня в стебель (корневая шейка) не было засыпано землей и находилось ниже края горшка на 1—2 см.

Степень уплотнения земли при пересадке оказывает значительное влияние на рост и цветение. Для лучшего роста рекомендуется оставлять землю достаточно рыхлой. Для хорошего цветения, а также при пересадке крупных древесных растений требуется большее уплотнение.

Несколько правил пересадки:

- Пересадку не проводят после поливки и тогда, когда растение нуждается в ней; оптимальное время — на следующий день.
- Пересадку производят быстро, не допуская подсыхания корней.
- Сразу после пересадки растение необходимо обильно полить. Исключение составляют кактусы, которые не поливают 3 дня после посадки.
- Пересаженные растения необходимо поместить в теплое и притененное место приблизительно на неделю.

Некоторые быстрорастущие молодые растения (бегонии, фуксии и др.) приходится пересаживать несколько раз в году. В этом случае растение вынимают целиком с земляным комом, пересаживают в горшок большего размера и добавляют земли, затем поливают. Такой способ называется *переваливанием*. Он легко переносится растениями.

Переваленное растение на первое время слегка притеняют и сокращают полив. С помощью перевалок можно быстро получить мощное, обильно цветущее растение.

Необходимо отметить, что пальмы всегда только переваливают, соблюдая большую осторожность, чтобы не обнажить и не повредить их корни.

Уход за растениями во время отпуска

Что же делать с комнатными растениями, если необходимо отлучиться из дома на довольно длительный срок? Для них не предусмотрены гостиницы, соседей не всегда удобно обременять своими заботами, а опытных сиделок для растений найти трудно.

Неужели придется расстаться с любимым садом навсегда, а вернувшись, начать все заново? Ни в коем случае. Конечно, растениям придется пережить тяжелый период разлуки со своими любимыми хозяевами, но в ваших силах сделать так, чтобы они «не очень скучали».

Небольшие зимние каникулы не принесут растениям большого стресса, если собрать их на стол в середине хорошо освещенной комнаты и тщательно полить. Нельзя оставлять растения без присмотра на подоконнике и не стоит отключать отопление. Растения подождут вас недельку-другую.

Летом все обстоит сложнее, поскольку именно летом растения активно растут и им требуется гораздо больше воды, а вам хочется длительного отдыха. Первое, что необходимо сделать, чтобы сохранить растения, это обрезать бутоны и цветки, убрать с прямого солнца и хорошо полить.

Хорошим выходом является размещение горшков в емкость на влажный коврик, который постоянно смачивается капающей водой из крана. Но здесь есть свои сложности: необходимо предварительно рассчитать количество капающей воды, а также учесть, что ее могут просто отключить.

В последнем случае вместо водопровода используют просто какую-нибудь большую емкость и проделывают в ней маленькую дырочку.

Другой способ сохранить растения состоит в следующем. Можно заполнить водой большой контейнер и поставить его на стол, а растения собрать вокруг стола. Из контейнера к каждому цветку протянуть холщовую веревку или полосу из простой ткани, которую следует положить под растение к его корням. И ваши любимцы спасены!

А если выбранное вами место будет хорошо освещено непрямыми лучами солнца, то многих ваших питомцев вы просто не узнаете, когда вернетесь, — так сильно они вырастут. Единственное что нужно учесть при таком способе, так это то, что вода в контейнере не должна испариться, поэтому его следует накрыть крышкой и защитить от солнечных лучей.

ПОПУЛЯРНЫЕ КОМНАТНЫЕ РАСТЕНИЯ

Вот мы и дошли, наконец, до самой интересной части этой книги — до самих растений. Почти все из знакомых нам комнатных цветов считаются целебными и в этом амплуа широко используются у себя на родине.

Но мы мало знаем об этом, поэтому хотелось бы обратить внимание читателя именно на лекарственные свойства домашних растений.

Совсем необязательно после прочтения книги всех своих комнатных питомцев пустить на лекарства, но в случае необходимости эта информация может оказаться весьма ценной.

Хочется напомнить, что для выращивания растений нужна не «легкая рука», а знания особенностей ухода за конкретным видом.

Agava americana L.

АГАВА АМЕРИКАНСКАЯ

Растение относится к семейству агавовых. Свое название, по одной из версий, получило в честь дочери одного из древних мифических царей Агавы, что в переводе с греческого означает «благородная, замечательная, превосходная».

Агава — многолетнее травянистое розеточное суккулентное растение*. Стебель очень короткий или вообще не развит. Листья образуют прикорневую розетку диаметром до 2 м. Листья мясистые, толстые, сизо-зеленые, с коричневыми шипами по краям.

В комнатных условиях агава не цветет из-за недостатка света, тепла и ограниченного пространства. В природе зацветает на 8—12 году, после чего материнское растение отмирает, давая семена и корневые отпрыски.

Агава хорошо растет в горшках и кадках большого размера при полноценном освещении. Этому растению необходим хороший дренаж, чтобы

* Суккулентные — растения сухих местообитаний, сохраняющие запасы воды в сочных листьях или стеблях.

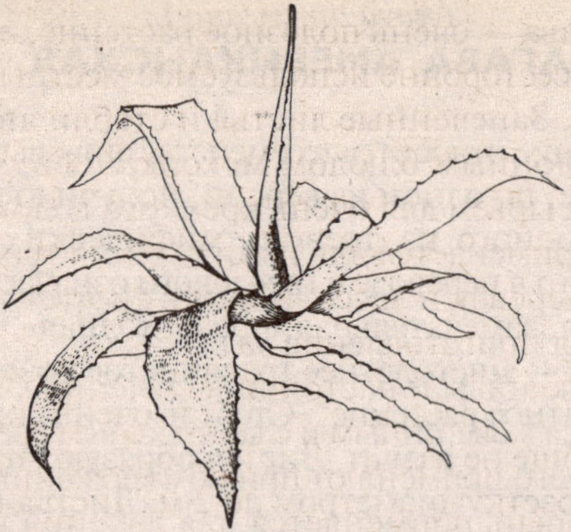

влага не застаивалась. Полив летом умеренный, зимой — редкий (не чаще одного раза в 1—2 месяца). Содержать растение зимой лучше при температуре 8—10°С.

В комнатных условиях размножение происходит стеблевыми черенками и отпрысками корневищ. Отрезанные куски необходимо подсушить, присыпать углем и высадить в ящик с песком. Агава хорошо укореняется при температуре 20°С. Затем укоренившееся растение высаживают в смесь дерна, листовой земли и песка, взятых в равных частях. Размножать и пересаживать агаву рекомендуется только весной.

Агава — очень полезное растение, издавна и всесторонне используемое местным населением. Запеченные листья и стебли являются традиционным блюдом мексиканцев, а также служат сырьем для очень крепкого волокна, которое применяется для изготовления тросов, канатов, веревок и лассо. Мякоть листьев используют для приготовления мыла.

- Сок агавы и настой измельченных листьев считается мочегонным и слабительным средством, а также его применяют при обморожениях.
- Корень применяется для лечения венерических болезней.
- Сок из листьев эффективен при ушибах и кровоподтеках, бронхиальной астме, бронхите, туберкулезе.
- Слизь из корня снимает зубную боль.
- Растение целиком используется для борьбы с вредными насекомыми.

Мочегонное и слабительное средство

Из верхушки растения вырезают главную верхушечную почку и делают углубление, в котором скапливается сладкий сок. Его ежедневно вычерпывают и принимают вовнутрь в течение дня.

Таким образом одно растение можно использовать до 8—10 месяцев.

Средство против подагры и отложения солей

10 г свежих листьев агавы американской заливают 100 мл 70° спирта и настаивают 10 дней в темном месте.

Принимают по 20 капель 3 раза в день перед едой.

Средства против нарывов, фурункулов и чирьев

- Срывают лист, обмывают, разрезают вдоль или толкут. Накладывают на больное место и перевязывают. Повязку меняют ежедневно. Сок агавы способствует созреванию нарывов и хорошо вытягивает гной.

Таким же образом можно использовать агаву *для заживления ран.*

- Смешивают пополам сок агавы и оливковое масло. Пропитывают в этом составе марлю, прикладывают к больному месту и перевязывают. Повязку меняют раз в сутки. Это средство является *бактерицидным и заживляющим.*

Средство против бронхиальной астмы

Выдавливают сок из листьев агавы и перемешивают в пропорции 1:1 с медом, перетопленным в водяной бане. Смесь принимают по 1 столовой ложке 3—5 раз в день за 1 час до еды, запивая теплым молоком или чаем. Это же лекарство эффективно *при остром бронхите* и *туберкулезе легких.*

Средство повышения жизненного тонуса организма

Берут 100 г сока из листьев агавы, 350 г измельченных ядер грецкого ореха, 200 г меда, сок 2 лимонов. Все тщательно смешивают, подогревая на водяной бане, затем остужают. Смесь принимают по 1—2 чайной ложки 3—5 раз в день за 30—40 минут до еды.

Средство при ишиасе* и невралгиях

Свежий лист агавы американской разрезают, сочной стороной прикладывают на больное место и закрепляют. Может появиться сильное жжение, но это не опасно и следует потерпеть. Для

---

* Ишиас — поражение седалищного нерва, чаще при остеохондрозе межпозвонковых дисков. Проявляется болями в ягодице, бедре, голени и другими симптомами.

уменьшения раздражения к больному месту можно потом приложить тонкий слой творога.

Средство при обморожениях

Свежий разрезанный лист агавы прикладывают сочной стороной к месту обморожения, что всегда вызывает сильное жжение, приток крови к этому месту увеличивается и происходит быстрое и полное исцеление.

Пьянящий напиток «пульке»

Сок агавы ставят для брожения. Получается сладкий пьянящий напиток — пульке, который является хорошим тонизирующим средством, а также средством *для повышения иммунитета при простудных заболеваниях.*

Alocasia G.

АЛОКАЗИЯ

Название образовано от близкого рода колоказия. Родина — Восточная Индия. Известно около 70 видов.

В комнатном цветоводстве наиболее известны алоказия клобучковая *(Alocasia cucullata (Lour.) G. Don)* и алоказия пахучая *(Alocasia odora (Lodd.) Spach.)*. Это тропическое травянистое растение с толстым, крепким, коротким, почти клубневидным корневищем, расположенным в почве или несколько возвышающимся над ней. Принадлежит к семейству ароидных. Побеги до 1 м высотой, толстые. Листья до 1 м длиной и 60—80 см шириной, кожистые, мясистые. Соцветие — початок. Цветки сидячие, у алоказии пахучей — с неприятным запахом, поэтому ее не выращивают в небольших помещениях. В комнатных условиях цветет редко. В плохую погоду или перед дождем на вершине листа выступают капли воды.

Алоказия — капризный цветок, поэтому разводить его в домашних условиях достаточно сложно.

Растение теплолюбивое и теневыносливое, для него требуется постоянная и обильная, но не избыточная влажность почвы и воздуха. Поэтому алоказия хорошо растет только в очень теплых комнатах с искусственно увеличенной влажностью воздуха.

Даже в зимнее время температура не должна быть меньше 18°С, а летом — не менее 22°С. Зимой полив ограничивают, но необходимо следить, чтобы листья не подвядали. Для интенсивного роста необходимы свет (но не прямые солнечные лучи), хороший полив водой, подогретой до температуры 26—30°С. Молодое растение боится сквозняков.

Пересаживают растение весной (листовая земля, торф, песок, мох сфагнум, древесный уголь — 4:2:2:1:1).

Размножают алоказию отпрысками, черенками от ствола или делением корневища, укореняя их в теплом парнике. Реже размножают семенами на легких почвенных смесях, при хорошем поливе и высокой влажности воздуха.

Лекарственными свойствами обладает алоказия пахучая. На родине гигантская пищевая алоказия *(Alocasia macrorrhiza (L.) G. Don. f.)* является ценным источником крахмала.

В восточной медицине используют все части растения.

- Препараты из стебля применяются при болях в желудке, кишечнике, зубной боли, при холере.
- Измельченный клубень прикладывают к различным опухолям.
- Препараты из всего растения рекомендуются при пневмонии и туберкулезе.

Средство лечения наружных опухолей

Корень выкапывают обычно в период покоя, тщательно промывают и обрезают тонкий верхний слой, затем пропускают через мясорубку. Полученную кашицу равномерно распределяют между двумя слоями приготовленного заранее тонкого льняного полотенца и обматывают опухоль. После появления легкого жжения держат примочку еще немного, затем снимают и обмывают больное место водой.

В н и м а н и е! Сок алоказии ядовит, а листья содержат токсическое вещество — синильную кислоту. Поэтому более подробные рецепты в этой книге не приводятся, их можно найти в специальной литературе.

Aloe L.
АЛОЭ

Алоэ относится к семейству лилейных. Название имеет арабское происхождение: «alloch» на древнеарабском языке означает «горькое растение». Существует около 360 видов, произрастающих главным образом в Африке, на Аравийском полуострове и острове Мадагаскар. В комнатных условиях чаще всего встречается алоэ древовидное *(A. arborescens Mill.)*, или столетник, и алоэ пестрое *(A. variegata L.)*, реже — алоэ складчатое *(A. plicatilis (L.) Mill.)* и алоэ остистое *(A. aristata Haw.)*. В последнее время популярность приобретают алоэ приземистое *(A. humilis)* с сине-зелеными листьями, алоэ приятное *(A. jucunda)*, образующее розетку из колючих листьев с кремовыми пятнами, и алоэ устрашающее *(A. ferox)* с колючими листьями длиной до 45 см.

Алоэ — это кустарник высотой 3 м и более. Стебли прямостоячие, ветвистые, внизу покрытые остатками влагалищ отмерших листьев. Листья до 60 см длиной, сидячие, сочные, линей-

ные. Сверху плоские или вогнутые, снизу выпуклые, в поперечном сечении овальные, на верхушке заостренные. По краям листа имеются загнутые вверх крепкие шипы. Окраска листьев обычно матово-зеленая, бывает сизоватая.

В комнатах алоэ древовидное цветет чрезвычайно редко — не хватает света и тепла, а в природе при цветении — это кистевидное соцветие, расположенное на цветоносе длиной до 80 см.

Алоэ — типичные листовые суккуленты, поэтому они прекрасно приспособлены для жизни в жаркой безводной пустыне.

В природе алоэ растет на сухих, часто глинистых почвах с большим содержанием железа. В домашних условиях предпочтительна почвенная смесь со средней, слабокислой или нейтральной реакцией и с повышенным содержанием кальция.

Летом рекомендуется усиленный или умеренный полив, зимой — весьма ограниченный. Зимой растение лучше содержать при температуре 12—14°С.

Молодые растения хорошо пересаживать ежегодно, старые — через 2—3 года. Почва должна состоять из дерновой, листовой земли и песка; неплохо добавить немного кирпичной крошки, древесного угля и старой штукатурки.

Алоэ размножают летом или весной, чаще всего черенками. Для этого побеги разрезают на кусочки длиной 10—12 см и подвяливают на солнышке в течение суток. Срез посыпают толченым древесным углем, затем сажают в песок на глубину 1 см, поливают изредка во избежание загнивания. Когда появляются корни, растение пересаживают в горшок и полив увеличивают. Алоэ размножают также порослью, образующейся у основания побегов, и верхушками. В этом случае растение растет гораздо активнее.

Сравнительно редко алоэ размножают семенами. Высеивают их в феврале — марте в плоские емкости. Температурный режим — 25°С, почвенная смесь легкая: листовая, дерновая земля и песок (2:1:2).

В лечебных целях в нашей стране официально используют алоэ древовидное.

В его листьях есть клетки, наполненные желтоватым клеточным соком, содержащим различные, в том числе биологически активные, вещества. В алоэ древовидном также содержится пектин, подавляющий рост раковых клеток; алоэ-эмодин, способствующий росту нормальных клеток и тканей, но не опухолевых образований.

В домашних условиях лучше всего использовать свежий сок алоэ или кашицу из измельченных листьев, полученную после предварительного отделения колючек.

Алоэ применяют:

- как желчегонное и слабительное средство,
- для восстановления нарушенных тканей,
- при туберкулезе легких,
- для лечения язв, ран, при воспалительных процессах в деснах, в веках, при некоторых глазных болезнях, для лечения экземы, волчанки и

язвы желудка, остеомиелита (воспаление костного мозга).

Средство при хроническом бронхите

Смешивают листья алоэ, свиной жир (можно заменить сливочным маслом) и мед в соотношении 1:2:2. Эту смесь выдерживают в течение 5 часов при высокой температуре в духовке. Принимают по 1 чайной ложке с молоком 3 раза в день.

Это же средство помогает при *бронхопневмониях, коклюше, туберкулезе легких первой и старой стадий.*

Настойка из листьев алоэ

В $^{1}/_{2}$ стакана измельченной мякоти листьев алоэ добавляют 1 стакан сахара или меда и настаивают в темном месте не менее 3 дней. После выстаивания добавляют 1 стакан красного вина и оставляют еще на сутки. Принимают настойку по 1 столовой ложке 2—3 раза в день.

Используется *при язвенной болезни желудка или двенадцатиперстной кишки, при хронических заболеваниях печени и желчного пузыря, гастрите, плохом пищеварении и упадке сил.*

Бальзам из листьев алоэ

Алоэ перед срезанием листьев не поливают 2 недели. Затем срезают, протирают (не моют!), мелко нарезают и кладут в стеклянную банку. 250 г листьев алоэ заливают 500 мл кагора марочного и 350 г незасахаренного меда. Настаивают 9—14 дней в прохладном месте. Затем процеживают и отжимают. Принимают первые 2 дня по 1 столовой ложке 3 раза в день, далее — по 1 чайной ложке 3 раза в день.

Применяют *для лечения бронхитов, плевритов, пневмоний и для укрепления легких.*

Средство лечения фарингита и ларингита

При заболеваниях горла и гортани следует полоскать горло соком алоэ, разбавленным водой (1:1), или же принимать выжатый сок алоэ с молоком по 1 чайной ложке. Средство следует пить медленно, задерживая его при глотании, 3 раза в день.

Средство лечения туберкулеза у детей

Сок алоэ с молоком принимают по 1 чайной ложке 3 раза в день в течение 20—25 дней При необходимости курс повторяют через 10—15 дней.

Средство при незаживающих ранах и язвах

- На раны и язвы различного происхождения рекомендуют накладывать свежие листья алоэ со снятой кожицей, меняя их через каждые 2 часа.
- Смешивают пополам сок алоэ и оливковое масло. Пропитывают в этом составе марлю, прикладывают к больному месту и перевязывают. Меняют раз в сутки. Это хорошее *бактерицидное и заживляющее средство.*

Средство при язвенном стоматите и воспалении десен

Больным рекомендуется жевать листья алоэ или полоскать рот свежим соком ежедневно.

Гель и мазь из листьев алоэ

- Для приготовления геля берут свежевыжатый сок алоэ, смешивают с небольшим количеством вазелина или внутреннего свиного жира (смальца) и ставят в холодильник. Это средство лучше не хранить долго, а использовать сразу.
- Для мази сок алоэ выпаривают до густой пасты и добавляют в разогретый вазелин, смалец или ланолин, затем тщательно премешива-

ют, остужают и ставят в холодильник. Применяют по мере необходимости.

Применяется *при ожогах, ранах и обгорании на солнце, при экземе и сухости кожи,* в косметологии — *от ранних морщин.*

Средство при прогрессирующей близорукости, блефарите, конъюнктивите

Срезанные листья алоэ выдерживают 12 дней в темноте при температуре от +4°С до – 8°С. Холодильник является идеальным местом для этого.

Затем листья вынимают, измельчают в кашицу и настаивают с водой (на 1 часть кашицы 3 части воды) при комнатной температуре 1 день. Полученный экстракт процеживают и хранят в прохладном месте.

Примочки на глаза в виде ватки, пропитанной экстрактом, прикладывают не менее 3 раз в день в течение месяца. В течение года курс повторяют 3—4 раза.

Средство против бессонницы

К растертым листьям алоэ добавляют немного сахара, заваривают и пьют. Лечение дает результаты уже в течение 4—5 дней.

Средство при гастрите с пониженной кислотностью и дизентерии

Свежий сок алоэ принимают по 1—2 чайные ложки 2—3 раза в день за 30 минут до еды. Курс лечения при гастрите 1—2 месяца в зависимости от степени заболевания. При дизентерии — до исчезновения признаков болезни.

Средство также применяют *при дифтерии и диарее.*

Средство при ожогах

Соком алоэ периодически орошают ожог.

Средство от остеомиелитов

Сок алоэ в виде примочек накладывают на больное место.

Средство при ячмене

- Берут 1 лист алоэ средней величины, измельчают и настаивают 6 часов в 1 стакане холодной кипяченой воды, процеживают и делают примочки на глаза.
- Срезают лист, обмывают, отжимают сок, разводят водой 1:10 и делают примочки на глаза.

Средство против импотенции

150 мл сока из листьев алоэ смешивают на водяной бане с 250 г меда, 350 мл кагора или

коньяка и принимают по 1—2 столовые ложки смеси 3—4 раза в день до еды.

Средство при эрозии шейки матки

Для лечения во влагалище вводят тампоны, смоченные соком алоэ.

Средство при насморке

В течение дня через каждые 2 часа закапывают в нос по 5—10 капель свежего сока алоэ. К концу дня насморк обычно проходит.

В н и м а н и е! Алоэ противопоказан при острых заболеваниях желудочно-кишечного тракта, острых заболеваниях почек, беременности, геморрое, маточных кровотечениях, при обострении сердечно-сосудистых заболеваний, при туберкулезе легких, осложненном кровохарканьем.

Alpinia L.
АЛЬПИНИЯ

Альпиния — растение из семейства имбирных, названо в честь итальянского ботаника Проспера Альпинио (1553—1617). В роде насчитывается до 250 видов. Разводится в качестве декоративного растения давно, в диком состоянии найдена только на острове Хайнань в Китае.

Альпиния лекарственная, или калган китайский, *(Alpinia officinarum Hance)* распространена в тропических или субтропических областях Юго-Восточной Азии. В комнатном цветоводстве еще известна альпиния галанга *(Alpinia galanga (L.) Willd)*.

Альпиния — многолетнее крупное растение с сильно разветвленным красно-бурым ароматным корневищем толщиной 1—2 см, на котором заметны кольчатые светлые листовые рубцы. Листья почти сидячие, линейные длиной 20—30 см. Цветки собраны в короткий верхушечный колос. Плод — коробочка. В комнатах альпиния цветет в

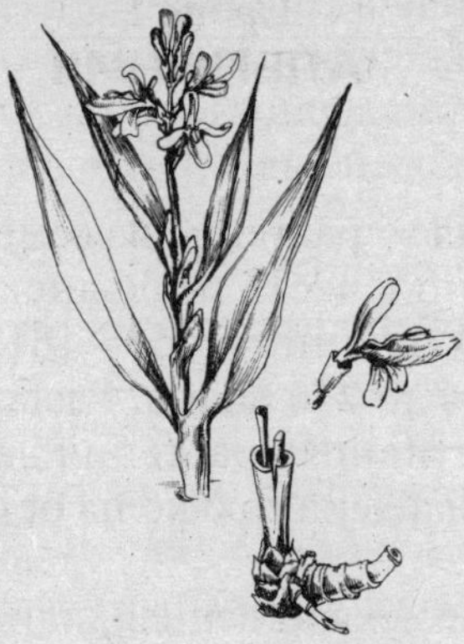

редких случаях. Для этого необходимо строго соблюдать правила агротехники и обеспечивать ей период покоя.

Растение любит светлые теплые комнаты. Весной, летом и осенью температура должна быть не ниже 20°С, требуется обильный полив и опрыскивание. Для подкормки во время быстрого роста необходима навозная жижа. Зимой растение содержат при температуре 12—14°С, полив умеренный.

Размножают альпинию делением корневищ весной при пересадке растения, высаживая части корневища в горшки с землей на глубину 2 см, а также свежими семенами. Почвенная смесь при этом: дерновая земля, перегной и песок (1:1:1). Укоренение происходит при температуре не ниже 22°С.

В лекарственных целях используются семена и корневища альпинии лекарственной. Корневище содержит эфирное масло, смолы, благодаря чему оно имеет жгучий вкус. В 100 г корневища содержится около 7 г протеина, 3 г жиров, 83 г углеводов, 184 мг аскорбиновой кислоты, а также дубильные вещества и флавоноиды.

♦ Семена рекомендуются при малярии, холере, расстройстве желудка, изжоге, зубной боли.

♦ Корневище прописывают при хроническом энтерите, при расстройстве пищеварения.

♦ Корневище содействует повышению аппетита, повышает функциональную активность желудка.

♦ Корневище используют при расстройствах менструального цикла, головных болях с обмороками и морской болезни.

♦ Кроме того, корневище альпинии используют в качестве ароматизирующих добавок в ликероводочной промышленности и как пряность для приготовления различных соусов.

Мазь из корней альпинии

В нагретую основу из вазелина добавляют измельченные корни альпинии и варят 30 минут, затем сырье процеживают через марлю, отжимают и раскладывают в чистые баночки. Хранят в холодильнике.

Мазь используют *при ожогах, обморожении и экземах*

Отвар из корней альпинии

1 столовую ложку измельченных корней заливают 1 стаканом горячей воды, кипятят на медленном огне 30 минут и сразу же процеживают.

Принимают по 1 столовой ложке 4 раза в день за 30 минут до еды *при диарее, желудочных и маточных кровотечениях.*

Для полоскания полости рта и глотки *при ангине и кровоточивости десен* отвар разводят водой 1:4. Полощут через каждые 2 часа.

Средство при расстройстве желудка

1 столовую ложку измельченного корневища заливают 1 стаканом кипятка и настаивают 20 минут, добавляют сахар. Принимают по полстакана каждый час. За несколько часов проходит даже сильное расстройство.

В н и м а н и е! Категорически запрещается самостоятельно применять вовнутрь средства из альпинии без назначения врача.

Amorphophallus Blume ex Decne
АМОРФОФАЛЛЮС

Название рода происходит от двух греческих слов: «amorpho» — бесформенный или уродливый и «phallos» — отпрыск, побег. Все виды этого рода имеют удивительную внешность. Известно до 160 видов этого растения, произрастающих в тропиках Африки, Азии и Австралии.

В комнатном цветоводстве известен аморфофаллюс Ривера *(Amorphophallus rivieri Durieu)*, который еще называют чертовым языком. Он произрастает в Китае, на юге Вьетнама, на Филиппинах и в Индии.

Аморфофаллюс — клубневое растение с единственным крупным листом. Ажурные части листа приподняты на черешке и украшены многочисленными пурпурными пятнами. Листья этого растения в природе достигают 2—3 м в высоту, в помещении — только 40—80 см. В комнатных условиях аморфофаллюс обычно цветет, но не плодоносит. Цветонос — главное украшение растения — бывает высотой до 1 м, темно-пурпурный

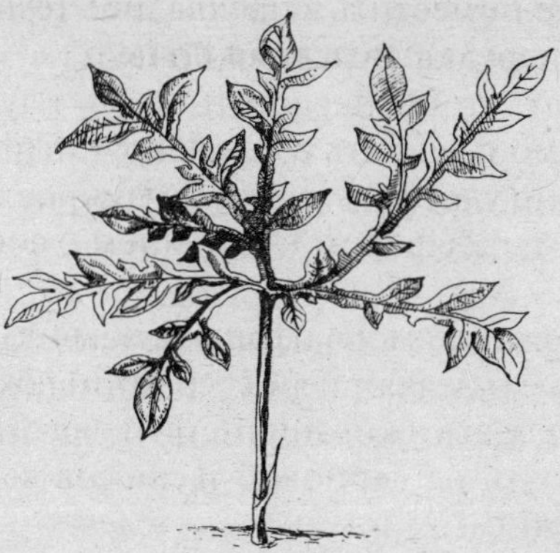

снизу и бледно-зеленый сверху. Следует иметь в виду, что соцветия при цветении издают неприятный запах. Плод в виде початка, который вдвое больше самого цветка.

Несмотря на экзотическую красоту, аморфофаллюс не доставляет особых хлопот.

Во время роста (период с весны до начала августа) растение обильно поливают, избегая попадания воды непосредственно на клубень. Летом, когда у растения появляется лист, его лучше держать в светлом месте, а в осенне-зимний период, когда растение переходит в период покоя, лучше поместить в прохладное темное место, лишь изредка увлажняя почву.

Для того чтобы нарастить массу клубня, его необходимо высадить в более крупный горшок и регулярно удобрять растение микроэлементами: азотом, фосфором и кальцием в соотношении 1:3:2.

Размножают аморфофаллюс обычно клубнями, которые отделяют перед периодом покоя. Подходящая для высаживания земельная смесь должна состоять из дерновой и листовой земли в соотношении 1:2.

В восточной медицине используются все части растения.

- Соцветия аморфофаллюса применяют как жаропонижающее средство, при болях в костях и воспалении глаз.
- В Америке клубень растения используют в качестве диетических компонентов.
- В китайской медицине клубень применяют при лечении раковых заболеваний.
- Клубень считается хорошим противоязвенным средством, а также средством при укусах змей и грызунов.

Водный экстракт из соцветия аморфофаллюса

Берут свежее соцветие растения, заливают горячей водой и настаивают как чай, затем процеживают и хранят в холодильнике.

Настой используют в виде примочек *при болях в костях и воспалении глаз.* Им также *снимают высокую температуру,* протирая тело и лицо смоченной в растворе тряпочкой.

В н и м а н и е! Клубень аморфофаллюса содержит ядовитые вещества, поэтому перед использованием его следует многократно вымачивать и кипятить и ни в коем случае не использовать средства из клубня этого растения без предварительной консультации с врачом.

Aspidistra Ker-Gawl
АСПИДИСТРА

Аспидистра — многолетнее травянистое растение семейства лилейных. Название образовано от двух греческих слов: «aspis» — щит и «astron» — звезда и, скорее всего, связано с формой рыльца пестика. Родина растения — Япония. Род насчитывает около 11 видов.

В комнатах обычно выращивают аспидистру элатиор *(Aspidistra elatior Bl.)*. Иначе ее называют аспидистра высокая, или широколистная. Она произрастает в тенистых лесах Китая, Японии, Восточных Гималаев и о. Тайвань.

Аспидистра не имеет наземного прямостоячего стебля, корневище стелется по поверхности почвы. Листья на очень крепких довольно длинных черенках, темно-зеленые глянцевидные: листовая пластина продолговатой линейной формы, до 50 см длиной и до 15 см шириной. Цветки совершенно невзрачные, располагаются на корневищах у поверхности почвы на коротких цветоножках в пазухах листьев. Околоцветник желто-бурый с точками внутри. Плод ягодооб-

разный, односемянный. Растение получило название «дружная семейка» из-за того, что бурно разрастается и занимает всю площадь сосуда. Встречается комнатная аспидистра с белыми и кремовыми продольными полосами *(A. elatior «Variegata»)*.

Растение исключительно неприхотливо: хорошо переносит недостаток света, сквозняки, задымленный воздух и мало реагирует на пыль. В этом смысле оно является настоящей находкой для людей, не очень умеющих ухаживать за растениями.

Растение не выносит подсушивания, зимой желательно содержать при температуре не выше 18°C.

С весны до осени вносят любые цветочные удобрения раз в неделю.

Размножение осуществляют весной, вырезая куски корневища с 1—2 листами и высаживая на постоянное место. Состав почвенной смеси: земля дерновая, перегнойная, листовая и песок в соотношении 1:1:1:1.

Для хорошего роста взрослые растения пересаживают не чаще одного раза в 3 года, но верхний слой почвы обновляют ежегодно.

В медицине используют все части растения: корни, стебли и листья, хотя его химический состав не изучен.

♦ Аспидистру применяют при судорогах, желудочно-кишечных заболеваниях, аменорее (отсутствии менструации более 6 месяцев), диарее, болях в мышцах и мочекаменной болезни.

Отвар из аспидистры

Для приготовления отвара можно использовать любые части растения или все растение целиком. Измельченные части сырья заливают кипятком из расчета 10 г на 1 стакан воды, затем настаивают и процеживают.

При желудочных расстройствах принимают вовнутрь по $^{1}/_{2}$ стакана 2 раза в день. Каждый день необходимо готовить свежий настой.

При судорогах и болях в мышцах отвар применяют в виде примочек, готовят его более крепким и используют несколько дней, храня в холодильнике.

Aucuba Thunb.

АУКУБА

Аукуба — вечнозеленый кустарник или небольшое дерево высотой до 5 м, относится к семейству кизиловых, растет во влажных субтропических лесах.

Родиной растения считается Восточная Азия: Япония, Корея, Гималаи, Китай, о. Тайвань. Название в переводе с японского означает «зеленое растение». В роде всего 3—4 вида. Иногда аукубу называют золотым или колбасным деревом из-за пестрых листьев. В комнатном растениеводстве встречается только один вид — аукуба японская (*Aucuba japonica Thunb.*).

Аукуба японская имеет толстые, голые, зеленые ветви, побеги прямостоячие, вильчато ветвящиеся. Листья супротивные, овальные, глянцевитые, зеленые, с заостренной верхушкой. Садовые формы обычно пестролистные. Наиболее распространены пестролистные формы с листьями, покрытыми пятнами и точками различной величины и цвета: белыми, желтыми или светло-зелеными.

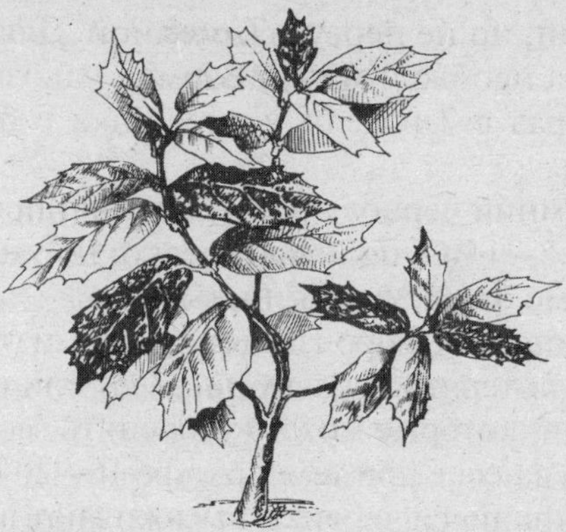

Окраска листьев тем ярче, чем больше солнечного цвета попадает на растение. Цветет аукуба обычно с февраля по апрель, но цветки мелкие и невзрачные, собраны в метельчатые соцветия, красноватого оттенка, внимания не привлекают и декоративной ценности не имеют. Плоды ягодообразные, тоже красные.

Аукуба японская — весьма неприхотливое растение. Любит светлое, но защищенное от прямых солнечных лучей место. Летом необходимо обеспечивать приток свежего воздуха, следить за тем, чтобы почва в горшке была всегда влажной, но не переувлажненной. Для лучшего роста необходима подкормка навозной жижей 1 раз в 2 недели и пересадка в большую емкость.

В зимний период аукубу содержат при температуре 8—14°С, поливают редко, но иногда необходимо опрыскивать листья.

Размножение производят семенами (при этом можно потерять окраску листьев) или чаще черенками, которые можно укоренять весной или осенью в песке при температуре 16—20°С. Затем укоренившиеся черенки высаживают в земельную смесь, состоящую из дерновой, перегнойной земли, торфа и песка в соотношении 2:2:1:1. Для усиления ветвления применяют прищипку и подрезку.

В лечебных целях используют только листья и плоды аукубы. Народная медицина Японии предлагает применение этого растения в чистом виде исключительно как наружное, а для внутреннего употребления — только в качестве добавки к другим лекарственным растениям.

♦ Измельченные листья прикладывают к месту ожога или обморожения, а также к различным опухолям и кровоподтекам.

♦ Измельченные плоды применяют для заживания ран и язв.

♦ В Японии листья используют при изготовлении средств, стимулирующих работу желудка.

Средство при ожогах и обморожениях

В миске или маленькой кастрюльке на водяной бане нагревают вазелин или ланолиновый крем, можно добавить немного натурального парафина, затем кладут измельченные листья или плоды (или все вместе) и нагревают еще некоторое время. Горячую смесь пропускают через марлю в чистую емкость, затем отжимают марлю, чтобы собрать остатки, и быстро разливают в приготовленные небольшие баночки, после чего мазь готова и ее ставят в холодильник.

Мазь также можно втирать *в опухоли и кровоподтеки,* накладывать *на язвы и раны.*

Wistera Nutt.

ВИСТЕРИЯ

Вистерия — крупная древесная лиана, принадлежит к семейству бобовых, в роде насчитывается только 6 видов. Растет обычно на склонах скалистых гор.

Родина растения — Китай. В природе вистерия — листопадное растение, длиной до 15 м, с диаметром ствола у основания до 30 см, произрастает на высоте 1000 м над уровнем моря.

В комнатном растениеводстве известна вистерия китайская *(Wistera sinensis (Sims.) Sweet).* Листья сложные, непарноперистые, до 30 см длиной; в каждом листе от 7 до 13 яйцевидных листочков 4—8 см длиной. Побеги покрыты легким пушком. Цветки ароматные, сиреневого или белого цвета, собраны в плотные кисти длиной 30 см. Цветет обычно обильно с апреля по июнь.

Летом растение необходимо обильно поливать и подкармливать навозной жижей. Нужно помнить, что вистерия — это лиана и поэтому нуждается в опоре. Зимой, при опадании

листьев температура содержания растения не должна превышать 6—8°С.

Размножается вистерия семенами, отводками и даже прививкой, но самый удобный способ — черенкование. На черенки режут побеги предыдущего года длиной 20 см, укореняют в песке при температуре не ниже 20°С, затем высаживают в почвенную смесь дерновой, перегнойной земли и песка (2:1:1).

В марте все новые побеги обрезают на 2 узла. Растения, выращенные из черенков, зацветают обычно на 3-й год.

После пересадки или подрезки вистерии, снятия плодов и отщипывания листьев необходимо тщательно промыть руки, т. к. в составе растения находятся вещества, которые способны вызывать тошноту и расстройство желудка.

Химический состав растения хорошо изучен. В коре вистерии содержатся такие ядовитые вещества, как глюкозиды, вистерин и смолы. В листьях найдены флавонольные гетерозиды и алантоиновая кислота.

♦ После соответствующей обработки листья вистерии используют как заменитель чая, который является хорошим тонизирующим средством.

Чай из листьев вистерии

Собранные свежие листья вистерии завяливают в комнате в течение 12—18 часов. Затем скручивают между ладонями до появления на поверхности белой пены и оставляют под мокрым полотенцем на 4—5 часов для сбраживания. Листья меняют цвет и начинают сильно пахнуть. Затем их высушивают в духовке при 50—70°С. После этого листья можно хранить и заваривать как чай.

Gardenia Ellis

ГАРДЕНИЯ

Гардения относится к семейству мареновых. Названа в честь американского любителя-садовода А. Гардена (1730—1791).

Растение родом из тропических и субтропических областей Азии и Африки. В комнатных условиях обычно разводят гардению жасминовидную *(Gardenia jasminoides Ellis),* которая произрастает в субтропических лесах Китая и Японии на высоте 250—500 м над уровнем моря.

Гардения жасминовидная — вечнозеленый кустарник, на родине достигающий почти 2 м высоты, стебли ветвящиеся с бурой шелушащейся корой. Листья до 10 см длиной, широколанцетные, заостренные. Цветки либо одиночные, либо собраны в малоцветковые соцветия и расположены на верхушках побегов или в пазухах листьев. Растение цветет летом. Крону можно красиво формировать, подрезая верхушки.

Гардения светолюбива. Летом растение содержат при температуре 22—24°С, зимой — при 16—20°С. Особое условие — более кислая почвенная смесь, что достигается прибавлением к почве торфа или земли из соснового леса. Поливать рекомендуется мягкой теплой водой, содержащей мало кальция. К цветкам не следует прикасаться, равно как и опрыскивать их.

Размножение производят, срезая верхушечные части побегов длиной 8—10 см (с декабря по март или в августе — сентябре) и высаживая в смесь из равных частей торфа и песка.

Укоренившиеся черенки пересаживают в смесь дерновой, перегнойной и торфяной земли и песка (1:1:1:1). Необходимо также опрыскивание, обильный полив и тепло. Иногда у растения начинают опадать бутоны. Это происходит чаще всего при сильной сухости воздуха, подсушивании земляного кома и снижении температуры до 16°С.

♦ Плоды и корни гардении применяют в виде отваров как противовоспалительное, жаропонижающее, кровоостанавливающее средство, а также при гепатите, заболеваниях кожи (пузырчатка) и пищевода, мастите, стоматите и тонзиллите.

♦ Мелкие плоды эффективны при болезни легких и лихорадке; наружно — для заживления ран.

♦ Крупные измельченные плоды прикладывают к ранам и ушибам, травмам, ожогам, опухолям.

♦ Отвары плодов и корней применяют для лечения язв губ и полости рта, дизентерии, носовых кровотечениях, гематурии, кровавой рвоте, гепатитах, эпидемическом гриппе, нефрите.

♦ Экстракты из плодов гардении понижают артериальное давление.

♦ Во всех частях растения обнаружено желчегонное вещество.

Желчегонное средство

На 30 г сушеных или 60 г свежих плодов или корней гардении берут 750 мл воды. Сырье кладут в холодную воду, нагревают и кипятят на медленном огне около 1 часа, пока объем жидкости не уменьшится до 500 мл. Затем процеживают через ситечко и хранят в прохладном месте. Принимают горячим или холодным внутрь по $^1/_3$ стакана 3 раза в день.

Отвар также применяют *при дизентерии,* в виде примочек *для заживления ран.* Для полоскания и ингаляций *при простудных заболеваниях* отвар разводят 1:2.

Средство, понижающее давление

Плоды гардении заливают водкой или подсолнечным маслом так, чтобы они были покрыты, закрывают крышкой и ставят в теплом месте на 2 недели. Затем смесь сливают через марлю, отжав остатки. В полученный экстракт кладут новую порцию сырья и повторяют весь процесс.

Экстракт — сильное лекарство и его надо принимать только по назначению врача.

Hedychium Koenig

ГЕДИХИУМ

Гедихиум — род травянистых растений семейства имбирных, насчитывает около 50 видов. Произрастает в горных лесах Индии, Китае, Малайзии. Два вида гедихиума есть на Филлипинах и на Мадагаскаре.

В комнатных условиях чаще всего встречается гедихиум венценосный *(Hedychium coronarium Koenig)* — многолетнее растение с толстым клубневидным корневищем. Родина — горные леса Восточной Индии. Стебель высокий, облиственный, до 1 м высотой. Листья до 50 см длиной и до 10 см шириной у основания обхватывающие стебель, заостренные, зеленые, снизу опушенные. Цветки — белые, ароматные, собраны в густые верхушечные колосья длиной 10—20 см. Цветет в апреле — мае.

Гедихиум хорошо растет в комнатах. Растение светолюбиво, во время бурного роста (февраль — март) требует обильного полива. В это время каждые две недели желательно вно-

сить жидкое органическое удобрение. После отцветания стебли срезают, а растение умеренно поливают до следующей весны.

Гедихиум размножают весной, при пересадке, делением корневищ. Предпочтительна следующая почвенная смесь: дерновая, перегнойная, листовая земля и песок, взятые в равных количествах. При пересадке рекомендуется обильный полив. Гедихиум растет бурно, поэтому пересаживать его следует ежегодно, по возможности не в столь глубокие, но широкие горшки.

Хорошо изучен химический состав гедихиума. Корневища содержат около 3% крахмала, 4,6% глюкозы, 5,93% смол, около 30% целлюлозы, а также белки, жиры и органические кислоты. В воздушном корневище и цветках найдено эфирное масло. Стебли растения содержат до 50% целлюлозы, которую используют для производства бумаги.

♦ Семена и корневища являются ароматическим пряным средством, улучшающим аппетит.

♦ Семена способствуют физиологической активности желудка и желудочно-кишечного тракта.

♦ Корневища используют при лихорадочных и простудных заболеваниях, как тонизирующее и стимулирующее средство. Внутрь обычно принимают настой или отвар измельченного корневища.

Средство для повышения иммунитета

Для приготовления настоя 50 г свежего промытого, сильно измельченного корневища гедихиума (или 25 г высушенного) кладут в заварной чайник или кастрюлю с крышкой, заливают 1 стаканом очень горячей воды и настаивают 15 минут. Затем процеживают через ситечко. Хранят в холодильнике.

При приготовлении отвара корневище заливают холодной водой и кипятят на слабом огне 30 минут.

Отвар или настой принимают *при разного рода простудах и для повышения иммунитета* внутрь по 3—8 г 3 раза в день.

Ароматическое средство

Семена и сильно измельченные корневища гедихиума высушивают в сухом помещении при температуре не выше 35°С. Корневище после сушки необходимо измельчить в кофемолке и хранить в стеклянной банке в темном месте.

Полученную таким образом пряность добавляют в небольшом количестве в пищу для придания ей специфического вкуса и аромата. К тому же она повышает сохранность пищи, стимулирует пищеварение.

Семена используют при изготовлении кондитерских изделий, обсыпая ими выпечку.

Hibiscus L.

ГИБИСКУС

Гибискус, или китайская роза, относится к семейству мальвовых. Род насчитывает около 300 видов, которые произрастают в тропиках и субтропиках Азии и Океании.

Это вечнозеленое цветущее растение в природе представляет собой деревья, кустарники, многолетние и однолетние травы. На родине имеют большое хозяйственное значение гибискус коноплевый (кенаф) и гибискус съедобный (бамия).

В комнатном цветоводстве известен гибискус китайский, или китайская роза *(Hibiscus rosa-sinensis L.)* — кустарник с бурой корой на старых побегах, с длинными овальными, блестящими, ярко-зелеными, пильчатыми по краям листьями.

Цветет все лето (а при комфортных условиях и круглый год) крупными до 10 см в диаметре цветками, которые бывают белого, желтого, розового или темно-пурпурного цвета. Встречают-

ся махровые формы. Куст гибискуса может достигать 1,5 м в высоту и обычно живет до 20 лет и более.

Гибискус — неприхотливое, светолюбивое растение. Хорошо растет на подоконниках, однако летом его необходимо притенять от полуденного солнца. В летний период требуется регулярный полив и подкормка (раз в 2 недели) минеральными или органическими удобрениями.

Зимой полив уменьшают, но растение, если оно содержится в теплой комнате с сухим воздухом, необходимо периодически опрыскивать. Зимой при избытке, а летом при недостатке влаги растение сбрасывает листья и бутоны, при этом новые листья появляются только через 2 месяца.

Размножают верхушечными черенками длиной 7,5—10 см, взятыми от побегов текущего прироста. Размножение можно осуществить практически в любое время года, высаживая в почвенную смесь, состоящую из равных частей торфа и песка, при температуре 22°С. Укоренившиеся черенки высаживают в горшок, используя почвенную смесь перегноя, листовой, дерновой земли и песка в соотношении 2:2:2:1.

Молодые растения пересаживают ежегодно, затем — по мере необходимости.

Растению можно придать любую декоративную форму, используя подрезку. Подобную процедуру лучше делать весной. Обрезают обычно основные стебли до почки. После обрезки рекомендуется сразу же внести минеральное удобрение для лиственных растений.

Взрослые растения обрезают для стимулирования цветения. Со дня прищипки до начала цветения требуется около 3,5 месяца. Закладка цветочных почек и их нормальное развитие осуществляется при температуре 20°C и только на свежих побегах, поэтому необходима своевременная прищипка.

Надо отметить, что при изменении угла падения света или резких колебаниях температуры гибискус может сбросить цветочные почки. При появлении светло-зеленых и желтоватых листьев растение опрыскивают 1%-ным раствором полного удобрения.

В медицинских целях используют листья, цветки и плоды гибискуса. Лекарственная значимость растения весьма узкая. Листья содержат большой процент белков, общих углеводов, кальция и фосфора. А в плодах, помимо перечисленного, содержится железо и большое количество аскорбиновой кислоты.

- Листьями и цветками лечат злокачественные опухоли и припухлости от эндемического паротита.
- Цветки являются прекрасным средством при карбункулах, фистулах и язвах любого происхождения.

Средство против опухолей

Листья и цветки растирают в однородную массу, накладывают на опухоли и припухлости, обвязывают льняной тряпочкой и оставляют на 2 часа.

Средство против язв

Свежераспустившиеся цветки гибискуса перетирают в кашицу, накладывают на язву, фистулу, карбункул или гнойную рану, прикрывают небольшим кусочком ваты или бинта и прикрепляют все это к телу пластырем. Повязку меняют через 2—3 часа.

Hovenia Thunb.
ГОВЕНИЯ

Говения — род растений из семейства крушиновых. В роде всего 5 видов. Распространена в листопадных субтропических лесах на песчаных почвах и на сухих каменистых склонах гор Восточной и Юго-Восточной Азии. В Европу завезена в 1912 г. В природе — это листопадное дерево высотой около 10 м или кустарник.

В комнатных условиях разводят только один вид говении — конфетное дерево *(Hovenia dulcis Thunb.)*. Молодые побеги имеют красноватый оттенок (позже — светло-зеленый) и опушены. Листья — почти круглые, с сердцевидным основанием, длиной до 15 см и до 12 см шириной, глянцевые, зеленые, по краям пильчатые.

Цветки ароматные, белого цвета, мелкие, собраны в зонтиковидные соцветия. Плоды величиной с горошину, на коротких толстых плодоножках. Перед созреванием плодов плодоножка утолщается — становится мясистой и сочной. «Созревшая» плодоножка съедобна, имеет сладкий

вкус. В комнатных условиях говения обычно не плодоносит.

 Летом говения любит солнце и свежий воздух, при этом надо следить, чтобы земля всегда оставалась влажной. Зимой, как и все субтропические растения, говения впадает в спячку, поэтому ее следует убрать в более темное и прохладное место с температурой 8—16°С.

Размножают растение семенами или полуодревесневшими черенками. Семена хорошо прорастают, а черенки укореняются при температуре не ниже 18—20°С. Предпочтительная почвенная смесь: дерновая, листовая земля и песок в соотношении 2:2:1. Молодые растения пересаживают каждый год до 5-летнего возраста, затем — по мере необходимости.

Плодоножки растения содержат до 35% сахаров (глюкоза, сахароза, фруктоза), поэтому говению на родине используют в кондитерском производстве, а в Китае и Японии их едят в натуральном виде, а также применяют для изготовления напитка, напоминающего пиво. Плоды богаты солями калия, а семена содержат 15% белков и 7,8% жиров.

Лекарственные свойства растения малоизучены и узконаправлены.

- Кору стебля применяют при заболеваниях кишечника.

- Сухие плоды в отварах применяют при запорах, младенческих конвульсиях, возбужденных состояниях, как антиспазматическое, жаропонижающее и как средство, способствующее лактации и мочеотделению.

- Семена используют при алкогольном отравлении и как мочегонное средство.

Мочегонное средство

50 г свежих или 25 г сухих семян, хранившихся не более 1 года, заливают 300 мл кипящей воды, настаивают 15 минут и процеживают. Настой принимают по $^1/_2$ стакана 3 раза в день.

Средство, способствующее лактации

50 г сухих плодов отваривают в 1 л воды в течение 1 часа, выпаривая воду до 600 мл, затем процеживают. Приготовленный отвар выпивают в течение дня либо в чистом виде, либо добавляя его в чай.

Hydrangea

ГОРТЕНЗИЯ

Гортензия — это культивируемые виды растений рода гидрангия семейства гидрангиевых. Обычно растет в горах, около рек и в редколесье. Распространена в Южной и Северной Америке, Японии и Китае, культивируется на юге России и Черноморском побережье Кавказа.

Ботаническое родовое имя гортензии пришло из греческого языка и переводится как «водолюб».

Известно несколько разновидностей гортензии. Наибольшей популярностью пользуется гортензия крупнолистная (*Hydrangea macrophylla*) с пышными шарообразными соцветиями. Это прямостоячий кустарник высотой до 4 м, с супротивно расположенными листьями (реже расположение листьев очередное или мутовчатое). Листья эллиптические, зубчатые, плотные, сверху ярко-зеленые, блестящие, снизу светло-зеленые, голые или слегка опушенные, коротко-заостренные на верхушке, с ширококлиновид-

ным основанием. Цветки крупные, голубые, розовые или белые, собраны в большие кисти.

Гортензия древовидная (*Hydrangea arborescens*) образует к середине лета белые шаровидные соцветия диаметром 25 см.

Гортензия метельчатая (*Hydrangea paniculata*), цветущая в основном с августа по сентябрь, образует метельчатые конусообразные соцветия, похожие на гроздья сирени. Цветки крупные, стерильные, обычно белой окраски. Многочисленные сорта гортензии метельчатой отличаются друг от друга величиной и формой соцветий, временем цветения и густотой цветков.

Гортензия черешковая (*Hydrangea petiolaris*) — вьющаяся разновидность. Ее ветви снабжены воздушными корешками, поэтому она используется в основном для озеленения стен.

В комнатных условиях выращивается в основном горшечная гортензия крупнолистная, цветущая весной. Это декоративный кустарник высотой до 60 см. Популярны сорта с шаровидными соцветиями диаметром 15 см. Существуют также сорта с плоскими соцветиями диаметром 10 см с крупными краевыми цветками. Цветки обычно белые, розовые, лиловые или голубые.

Гортензия — светолюбивое растение, однако ее следует оберегать от прямых солнечных лучей. Предпочитает прохладное место, зимой ее лучше содержать при температуре 15°С, а летом можно выставить в сад. Гортензия — влаголюбивое растение, поэтому почву необходимо постоянно поддерживать во влажном состоянии, избегая при этом переувлажнения. Зимой полив следует ограничить. Время от времени рекомендуется опрыскивать листья.

Специфика ухода за гортензией заключается в грамотной обрезке. Поскольку у гортензии крупнолистной цветочные почки закладываются на побегах предыдущего года, растение можно обрезать только после цветения. При этом срезают верхушки побегов и сухие веточки. Правильная обрезка является решающим фактором в активности цветочных почек, а следовательно, обеспечивает обильное цветение.

После обрезки растение следует посадить в свежую землю и в зимний период содержать его в прохладном месте при минимальном поливе. В конце зимы гортензию нужно перенести в более теплое, хорошо освещенное место.

Следует знать, что голубая окраска цветков гортензии зависит, помимо сорта, от содержания алюминия в почве. Чтобы голубые цветки сохраняли свой необычный цвет, а также при желании «подсинить» розовые сорта, нужно добавлять в почву соли алюминия: раз в 2 недели подмешивать в воду для полива сульфат алюминия. А поскольку растения могут потреблять алюминий только из кислой почвы, то предпочтительна садовая земля, выпускаемая специально для рододендронов, с показателем pH 4—5.

Размножается гортензия в домашних условиях чрезвычайно трудно и долго, поэтому при желании завести гортензию проще всего приобрести ее в надежном месте.

В лечебных целях используются листья гортензии, заготовка которых производится во время цветения. Они содержат алкалоиды (дихроин, хидрангинин А, хидрангин С), гликозид хидрангинин, сапонины.

♦ Гортензия обладает обезболивающими, противовоспалительными и рассасывающими свойствами, а также оказывает бактерицидное действие в отношении стафилококков и кишечной палочки.

Отвар из листьев гортензии

Измельченные листья гортензии залить кипятком (5 г листьев на 250 мл кипятка), варить 5 минут, затем в течение 30 минут настаивать.

Принимать по 70 мл 3 раза в день *при ангине* и *тонзиллите.*

Сок или отвар листьев гортензии применяют наружно *при гнойничковых заболеваниях кожи.*

Jasminum L.

ЖАСМИН

Название растения является видоизмененным персидским наименованием данного рода. Жасмин распространен в тропиках и субтропиках Азии и Европы, относится к семейству маслиновых. В роде насчитывают около 450 видов.

В комнатном растениеводстве известны жасмин многоцветковый *(Jasminum polyan thum)*, жасмин лекарственный *(J. officinale)*, жасмин первоцветный *(J. primulinum)*. Наиболее распространенной комнатной культурой является жасмин самбак *(Jasminum sambac (L.) Ait)*. Обычно это вечнозеленые лианы длиной до 4—6 м с тонкими, волосисто-опушенными побегами. Листья супротивные, короткочерешковые, яйцевидной формы, длиной до 10 см. Цветет обильно и продолжительно с марта по октябрь. Цветки белые, с характерным приятным запахом, собраны по 3 и более в зонтиковидные соцветия. Существуют простые, махровые и полумахровые формы.

В комнатных условиях жасмин самбак выращивают как лиану или сразу формируют в виде куста.

Растение светолюбиво, но неплохо растет и в некотором удалении от окна. Зимой растение содержат при температуре 16—18°С при ярком освещении, но притеняют от прямых солнечных лучей. Жасмин самбак необходимо поливать мягкой водой со слабокислой реакцией. В период интенсивного роста необходимы обильный полив, ежедневное опрыскивание и подкормка коровяком. В комнатных условиях из-за сухости воздуха листьям жасмина требуется опрыскивание, а лучше обмывание.

Как вьющееся растение жасмин нуждается в опоре, хорошо переносит обрезку. Перед интенсивным ростом ветви обрезают почти на $^1/_3$ длины, а при необходимости и больше; летом можно прищипывать слишком длинные побеги.

Размножают растение стеблевыми черенками, весной — от одеревеневших побегов, летом — зелеными. Черенки высаживают в чистый песок или в смесь листовой земли и песка (1:1). Укоренение происходит при температуре 20°С в течение 20—25 дней. Затем молодые растения выса-

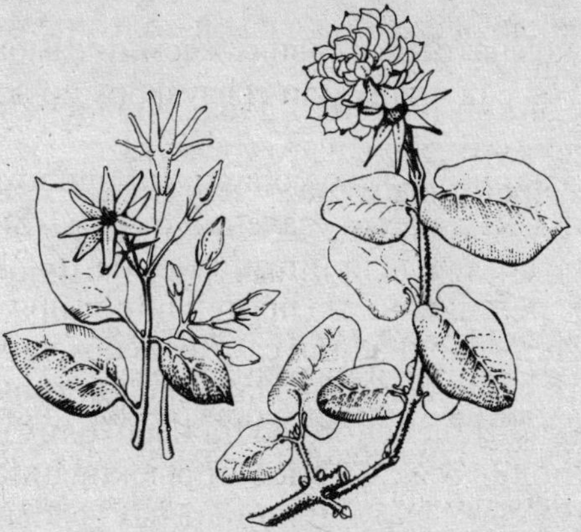

живают на постоянное место в почвенную смесь из дерновой, перегнойной земли и песка (1:1:1).

Полив — обильный. В тот же год можно пересадить растения в больший горшок. Затем пересаживают ежегодно в такую же земельную смесь, увеличивая в 2 раза дерновую часть.

В растении содержатся уксусная, бензойная и муравьиная кислоты. В лекарственных целях используют все части растения.

- Листья жасмина используют для снижения или прекращения лактации, как жаропонижающее средство, в виде горячих компрессов накладывают на язвы и долго не заживающие раны.

- Цветки растения добавляют в чай в качестве ароматизирующего средства.
- Корень жасмина в сыром виде применяют при головной боли, бессоннице, при болезненных явлениях, связанных с переломами.

Средство для заживления язв

Свежие листья жасмина нарезают и отваривают в течение 3 минут, сливают воду, накладывают на язву или гноящуюся рану, затем покрывают льняной тряпочкой в 2—3 слоя, чтобы припарка не сразу остыла, и заматывают бинтом.

Средство для снижения лактации

50 г свежих нарезанных листьев заливают 3 стаканами горячей воды и заваривают как чай 15 минут. Полученный настой выпивают в течение дня.

Обезболивающее средство

Корень жасмина длиной 2—3 см (50 г) измельчают, заливают 100 г сухого вина, ставят на водяную баню и кипятят на медленном огне 2 часа. Затем пропускают через марлю. Полученная доза экстракта обеспечивает потерю болезненных ощущений на один день.

Zebrina Schnizl.

ЗЕБРИНА

Зебрина — род многолетних низкорослых травянистых растений из семейства коммелиновых, чаще включаемый в род традесканции. Свое название растение получило благодаря полосатым листьям. Родом из Мексики. В роде всего 4 вида.

В комнатных условиях чаще всего разводят зебрину висячую *(Zebrina pendula Schnizl.)*, ее еще называют традесканция *(Tradescantia zebrina hort. Loud.)*. В природе растет во влажных тропических лесах и на скалистых берегах рек Мексики и Центральной Америки. Побеги стелющиеся и повисающие.

Листья яйцевидной формы, сидячие или на коротких черешках, длиной до 6 см, шириной до 3 см, серебристо-белые с зеленой полосой, фиолетовые снизу, по краю — реснитчатые. Цветки мелкие, пурпурные или фиолетовые, редко белые; прицветники сверху красивого пурпурно-розового цвета, а снизу беловатые. Плод — коробочка.

Изредка встречаются растения с зелеными, ярко-розовыми и белыми полосками на листьях.

Этому растению необходимы обильный полив и повышенная влажность воздуха, предпочтительны средние и легкие почвенные смеси. Хороший дренаж, обеспечивающий снабжение корней кислородом, позволяет выращивать зебрину на любой почве. Неплохо растет и при недостатке света, но при температуре не ниже 14°C.

Размножают весной — летом черенками и отводками, которые хорошо укореняются в песке или воде. Растения старше 2 лет теряют свою декоративность и растут медленно, поэтому их заменяют на молодые.

В народной медицине латиноамериканских стран используют только листья.

- Листья зебрины используют при лечении опухолей и мозолей.
- Отвар из листьев применяют при колитах, дизентерии, метеоризме, кровохарканье, при менструальных болях, лицевой невралгии, простуде и туберкулезе.
- Листья используют также при сахарном диабете для понижения сахара в крови.

Средство против мозолей

2—3 свежих листочка растения измельчают и накладывают на мозоль, сверху покрывают ку-

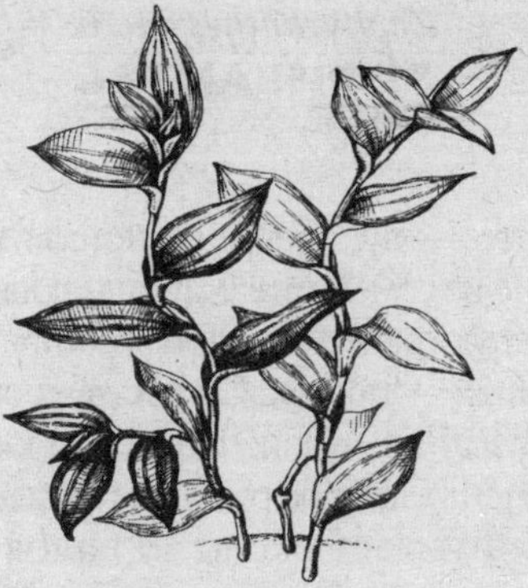

сочком плотной материи, залепляют пластырем и оставляют на ночь. Утром мозоль промывают водой и протирают жестковатой губочкой. Если мозоль не сошла, процедуру повторяют.

Средство при дизентерии

Берут 50 г свежих листьев зебрины на 500 мл холодной воды и кипятят на маленьком огне 30 минут. Затем процеживают и принимают отвар горячим или холодным по $^1/_3$ стакана 5—6 раз в день за полчаса до еды *при острой форме дизентерии и диарее.*

Также этот отвар принимают в горячем виде *при простудных заболеваниях.*

Zephyranthes Herb.
ЗЕФИРАНТЕС

Зефирантес — луковичное многолетнее травянистое растение из семейства амариллисовых. Название состоит из двух греческих слов «zephir» — западный ветер и «anthos» — цветок. Существует еще и неофициальное название «выскочка», которое дано зефирантесу за очень быстрое развитие цветоноса.

Род насчитывает около 40 видов, произрастающих в тропиках Центральной и Южной Америки и на Карибских островах.

В комнатном цветоводстве известно до 10 видов, хотя лечебное действие оказывают только два: зефирантес белый, или белолистный *(Zephyranthes candida Herb.)* и крупноцветковый *(Zephyranthes grandiflora Lindl.)*. Родиной первого считаются Аргентина, Парагвай, Южная Бразилия, а второго — Гватемала и Антильские острова. В комнатах выращивают также зефирантес золотистый *(Zephyranthes aurea Lindl.)*, который произрастает на полях в Перу.

Зефирантес представляет собой овальную луковицу до 3 см в диаметре, с бурыми чешуями.

Листья темно-зеленые, длинные, тонкие и мясистые, у крупноцветкового — более широкие. Цветки белые или слегка розоватые у зефирантеса белого и более крупные и розовые или бледно-красные с желтым горлом — у крупноцветкового. Они появляются одновременно с листьями из почки прошлого года в июне у белого и в апреле у крупноцветкового зефирантеса.

Зефирантес — светолюбивое растение, летом его желательно держать на солнечном месте. Интересно, что в культуре встречаются формы, сбрасывающие и не сбрасывающие листья на зиму. От этого зависит уход за растением в зимний период. Зефирантесы, которые не сбрасывают листья, оставляют на светлом, прохладном подоконнике. Сбрасывающие листья разновидности на зиму помещают в темное прохладное место, где температура не превышает 14°С, а весной, когда растение переносят на свет, его необходимо поставить на прохладный подоконник. В этом случае растения, выросшие из дочерних луковиц, цветут уже в первый год.

Летом зефирантесу требуется обильный полив, зимой — умеренный. В весенний период роста необходима подкормка в виде любых жидких цветочных удобрений. Листья рекомендуется периодически опрыскивать.

Размножают это растение семенами или мелкими дочерними луковицами, которые высаживают осенью в смесь, состоящую из дерновой, перегнойной почвы и песка, взятых в равных долях.

Для хорошего прорастания семян поддерживают высокую влажность воздуха и температуру не ниже 22°С.

Для получения семян необходимо искусственное опыление. На вызревание семян уходит около 2 месяцев, после чего их следует сразу высеивать, поскольку семена зефирантеса очень быстро теряют всхожесть. Высаживание семян следует проводить в мае — июне. Всходы появляются обычно через 2—3 недели, а сеянцы обычно зацветают на 2—3 год.

Известно, что зефирантес белый имеет значительное содержание алкалоидов.

♦ Различные виды зефирантеса в странах их произрастания используют для лечения рака, диабета, туберкулеза, как средство, понижающее содержание сахара в крови, при абсцессах и простуде, а также при заболеваниях печени.

♦ В Китае из всех частей зефирантеса белого готовят лекарства, которые используют при конвульсиях и гепатите.

♦ В США сырье из зефирантеса применяли для подавления роста опухолей.

Средство для лечения нарывов

Берут луковицу зефирантеса, измельчают, заливают небольшим количеством горячей воды и проваривают 1 минуту. Получившуюся кашицу перекладывают в марлю, покрывают ею больное место, сверху прикрывают льняной тряпочкой и привязывают бинтом. Когда компресс остынет, снимают.

Процедуру проводят 3—4 раза в день. Нарыв должен прорваться и выйти гной.

Средство против роста опухолей

50 г сырья из зефирантеса (можно брать любые части растения: листья, стебли, цветки или луковицы) заливают $^1/_2$ стакана подсолнечного масла и кипятят на водяной бане около 1 часа. Затем смесь сливают через марлю. Полученный экстракт охлаждают, затем его используют для приготовления холодных компрессов, накладывая на опухоли.

Средство от простуды

Листья, стебли и цветки зефирантеса , предварительно не слишком мелко нарезав, засушивают на подносе в теплом, хорошо проветриваемом помещении и хранят затем в железной или темной стеклянной банке. *При простуде* заваривают 1 чайную ложку на 1 стакан воды в течение 15 минут и пьют как чай горячим. *При абсцессах* эту заварку (можно более крепкую) используют для полосканий горла.

Это же средство принимают *для понижения сахара в крови.*

Ornithogalum

ИНДИЙСКИЙ ЛУК

Индийский лук, или брандушка — это многолетнее луковичное растение семейства лилейных. Ботаническое название индийского лука — птицемлечник хвостатый *(Ornithogalum caudatum)*. Родина его — Южная Африка. В Россию был завезен в 1961 г.

Растение образует луковицы, которые со временем достигают достаточно больших размеров. Листья ремневидные, шириной 5,5 см и длиной до 1 метра и более.

В ноябре — декабре птицемлечник выпускает длинную стрелку цветоноса, на котором формируется верхушечное метельчатое соцветие. Цветки небольшие, белые.

Индийский лук — очень неприхотливое растение. Он, как и все луковичные, не нуждается в обильном поливе, а кроме того, нетребователен к освещению — горшок с птицемлечником можно держать и на северо-восточных, и на северных окнах.

Корневая система растения довольно сильная, поэтому не следует увлекаться внесением удобрений и подкормок.

Пересадка производится один раз в 2—3 года или по необходимости. Индийский лук прекрасно себя чувствует в пластмассовых цветочных горшках. На дно горшка укладывается дренаж из речного песка или мелкого керамзита. В целом растение нетребовательно к составу грунта, но лучше, если почвенная смесь будет содержать дерновую, листовую землю и 2 части песка с древесным углем. Луковицу при посадке заглубляют только наполовину. Некоторые цветоводы летом пересаживают лук в сад. В результате за лето вырастают очень крупные луковицы, окруженные множеством «деток».

Размножается птицемлечник дочерними луковичками, которые отделяют во время пересадки.

Индийский лук успешно используется в народной медицине. Применяют его обычно при болезнях суставов, наружно. Лечебным эффектом обладает все растение.

- Соком растения обрабатывают раны, места укусов животных. Замечено, что шрамов после такой процедуры практически не остается. От головной боли соком натирают виски. Сок птицемлечника бесцветный, не пачкает одежду и не имеет запаха, поэтому пользоваться им удобно.
- Листья используют для лечения радикулита, прикладывают к деснам при парадонтозе и зубной боли.

Настойка

Настойку из свежих листьев (и цветков) птицемлечника на водке или спирте обычно готовят в соотношении 1:10 или 1:20. Так как птицемлечник может вызвать ожоги, рекомендуется соотношение 1:20. Настаивать в течение 2 недель в темном месте.

Настойка обладает противовоспалительными свойствами, ее используют в виде компрессов и натираний при отложениях солей, полиартрите, остеохондрозе. Компрессы из настойки помогают также *при ушибах и нарывах*, снимают зуд *при комариных укусах* и боль *при укусах ос и пчел.*

Ватным тампоном, смоченным в настойке, можно протирать виски *при головных болях.*

Пить настойку из птицемлечника очень опасно!

Лечение радикулита

Кусочком листа 2 × 2 см быстро натереть больное место, укрыть шерстяным платком и лечь под одеяло. Все действия необходимо совершать достаточно быстро (не дольше 1 минуты), так как лук действует очень быстро. Следует подготовиться к очень сильному жжению и зуду, которые пройдут через 10—15 минут. После 2—3 натираний боли обычно проходят.

Этот же способ можно использовать *при лечении невралгии.*

Ficus L.

ИНЖИР

Инжир *(Ficus corica L.)* — отдельный вид рода Фикус семейства тутовых. Его также называют смоковницей, или фиговым деревом. Родина инжира — Средиземноморье и Малая Азия с прилегающими районами. Произрастает он практически во всех странах с тропическим и субтропическим климатом, в том числе в Иране, Афганистане, Индии, а также в Крыму и Закавказье. Растет на скалистых, каменистых, часто известковых склонах. Широко культивируется и часто дичает. Как комнатное растение известен с 1548 г.

В комнатных условиях инжир достигает высоты не более 1,7—2 м и имеет раскидистую пушистую крону. Это листопадное растение с 35-пальчатолопастными, крупными, на длинных черенках листьями. Образует 2 формы соцветий: женские (фиги) и мужские (каприфиги). В комнатных условиях плодоносят такие сорта инжира, как «Кадота», «Фиолетовый сухумский», «Солнечный». Плоды грушевидной при-

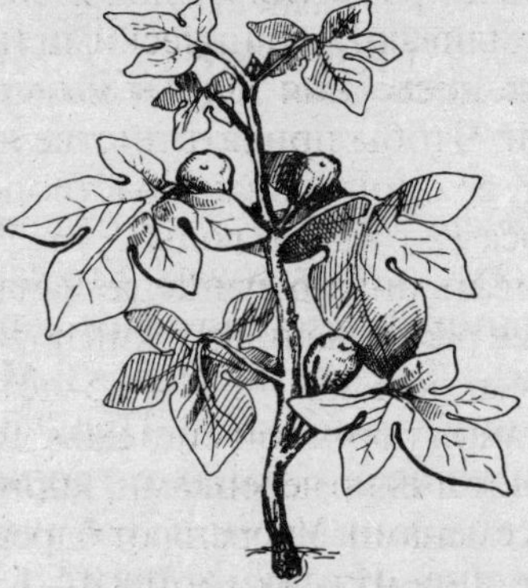

плюснутой формы имеют окраску от желтой до черно-синей и сладкий вкус. Зачастую инжир плодоносит 2 раза в год: в марте — июне и августе — сентябре.

Фикус любит свет. Летом, в период активного роста ему требуется обильный полив, обтирание листьев и подкормка цветочными удобрениями. Поскольку инжир — листопадное растение, зимой его лучше содержать в холодных помещениях при температуре 3—5°С, а в обычных комнатах его необходимо чаще опрыскивать и меньше поливать. Фикусы хорошо переносят обрезку, поэтому можно сформировать красивую крону.

Для хорошего развития и плодоношения растение подкармливают органическими (настой навозной жижи, древесная зола) и минеральными удобрениями. Чтобы придать листве ярко-зеленую окраску, ее опрыскивают раствором железного купороса (2 г на 1 л воды).

Пересаживать инжир лучше до начала вегетации. Молодые растения пересаживают ежегодно, увеличивая емкость на 1 л, а 4—5-летние — по мере разрастания корневой системы.

Размножают инжир черенками, корневыми отпрысками и семенами. Укореняют одревесневшие или зеленые черенки длиной 10—15 см с 3—4 почками. Косой нижний срез делают ниже почки на 1—1,5 см, ровный верхний — выше на 1 см. На нижнюю часть наносят несколько царапин.

Срезанные черенки перед посадкой выдерживают 5—6 часов в сухом прохладном месте, а затем — 10—12 часов в растворе гетероауксина (1 таблетка на 1 л воды). Оптимальная земляная смесь: листовой перегной, дерновая земля и песок (2:1:1). Черенки можно укоренять и в воде, меняя ее через каждые 2—3 дня. Растение плодоносит на 2-й год.

Корневые отпрыски отделяют, высаживают в отдельный горшок и закрывают полиэтиленовой пленкой (пакетом). Через 3—4 недели отросток приживается, и тогда можно постепенно приучать растение к наружному воздуху.

Семена высевают в почвенную смесь из равных частей песка и перегноя, увлажняют и накрывают стеклом. Семена всходят через 2—3 недели при температуре 25—27°С. Спустя месяц сеянцы высаживают в отдельные горшки. Растения, выращенные из семян, начинают плодоносить на 4—5-й год.

Свежие соплодия инжира богаты аскорбиновой кислотой, витаминами B_1, B_2, каротином, минеральными веществами (калий, кальций, магний, фосфор, железо), а также содержат пектиновые вещества. Содержание глюкозы и фруктозы в инжире достигает 20—30%, а в сушеных плодах их содержание доходит до 70%.

В пищевой промышленности инжир используют для приготовления варенья, пастилы, конфет, компотов и даже вин.

- В медицине все растение применяют в качестве противоракового средства.
- Отвар из листьев эффективен при болях, способствует уменьшению геморроидальных узлов и бородавок.

• Употребление соплодий в пищу способствует пищеварению (как легкое слабительное средство) и является мягкой стимуляцией лактации у женщин.

• Зеленые соплодия, сваренные со свининой, считаются хорошим тонизирующим средством и тоже повышают лактацию.

• Настой из соплодий применяется в качестве полоскания, в виде припарок при простудных заболеваниях, а также для размягчения нарывов и опухолей.

• Отвар из соплодий эффективно используют при грыже.

• В восточной медицине все растение считается повышающим сексуальные возможности у мужчин и способствующим сперматогенезу.

• Инжир полезен при заболеваниях сердечно-сосудистой системы, при венозной недостаточности, склонности к тромбозам, при анемии.

• Инжир используют как мочегонное и потогонное средство.

Средство при геморрое

20 г сухих или 40 г свежих листьев фикуса заливают 600 мл холодной воды и оставляют на медленном огне при закрытой крышке око-

ло 1 часа. Затем процеживают, остужают и хранят в холодильнике. Применяют в виде холодных тампонов на геморроидальные узлы.

Более радикальное средство — заморозить отвар в морозилке в формочках для льда и прикладывать к больным местам на столько времени, на сколько можно вытерпеть.

Отвар плодов инжира

Из сухих или свежих плодов инжира варят компот, не добавляя сахара.

Процеженный отвар пьют горячим на ночь *как потогонное средство при простудных заболеваниях.* С ягодами, как компот пьют в течение дня *для поддержания сердечной мышцы, при тромбоза, анемии,* и *авитаминозах.*

Слабительное средство

При склонности к запорам в течение месяца каждый день съедают по 1 инжирине утром натощак и в промежутках между едой.

В н и м а н и е! Употребление в пищу плодов инжира противопоказано больным сахарным диабетом и при воспалительных заболеваниях желудочно-кишечного тракта.

Iris L.

ИРИС

В состав рода Ирис, или касатик, семейства ирисовых входит около 300 видов, широко распространенных по всему свету.

До недавнего времени ирисы в комнатах почти не выращивались. Комнатные формы представляют собой многолетнее растение. Корневище крупное, косо растущее, маловетвистое, с нижней стороны покрыто многочисленными придаточными корнями. Листья мечевидные, крупные, 50—80 см длиной, сизо-зеленые, расположены на переднем конце корневища.

Цветки у разных видов ирисов имеют самые разнообразные расцветки и формы, но у всех одинаковое строение.

После отцветания завязывающиеся плоды (коробочки) удаляют для лучшего зимнего цветения.

В комнатном цветоводстве встречаются ирисы, как впадающие в зимний покой, так и вечнозеленые. Осенью горшки с корневищами отмирающих ирисов содержат при температуре 2—3°C и слабом освещении, очень редко поли-

вая. С началом роста полив увеличивают. При этом следует иметь в виду, что встречаются как влаголюбивые, так и засухоустойчивые формы.

Все ирисы, как правило светолюбивы.

♦ В медицинской практике широко используют ирис германский *(Iris germanica L.)*, ирис флорентийский *(Iris florentina L.)* и ирис бледный *(Iris pallida Lam.)*. Из них получают ирный (или фиалковый) корень, который используют в сборах от кашля, для ароматизации лекарственных порошков, также он входит в состав зубных порошков, а сейчас широко применяется и в парфюмерии. В основном из-за того, что в корневище ирисов содержится до 0,2% ароматного эфирного масла.

♦ Корневище ириса японского *(Iris japonica Thunb.)* накладывают на раны, а отвар из всего растения применяют при бронхите, внутренних язвах, ревматизме и опухолях.

♦ У ириса Палласа *(Iris pallasii Fisch.)* цветки употребляют при абсцессах, а семена — как мочегонное и кровоостанавливающее средство, при колитах, носовых кровотечениях, кровохарканье, ларингитах и болезнях печени. В последнем случае применяют и корневище.

♦ Все растение ириса кровавого *(Iris sanguinea Hormen)* назначается в качестве отхаркивающего средства, кроме того, это эффективный инсектицид*.

Средство при бронхите

15 г хорошо промытого и измельченного корневища ириса японского заливают 1 стаканом кипятка и отваривают в течение 10 минут на слабом огне. Пьют как чай по 1/3 стакана 3 раза в день после еды.

---

* Инсектициды — химические средства борьбы с вредными насекомыми.

Средство при внутренних язвах

Отвар готовится так же, как в предыдущем рецепте, но принимают его по $^{1}/_{3}$ стакана 3 раза в день за полчаса до еды.

Средство от ревматизма

20 г промытого и измельченного свежего корневища ириса японского (или 10 г сухого) заливают $^{1}/_{3}$ стакана горячей воды и кипятят в течение 3—5 минут. Хлопковую или льняную ткань вымачивают в отваре и прикладывают на больное место, затем оборачивают калькой, обвязывают бинтом и оставляют на ночь. При острых болях отвар втирают в больные места 2—3 раза в течение дня.

Средство от нарывов и язв

Цветки ириса Палласа измельчают, накладывают на язву и прикрепляют сверху бинтом или пластырем.

Cactus

КАКТУС

Кактусы — это растения тропиков и субтропиков, альпийских лугов и степей, а также жарких пустынь и каменистых плоскогорий. Эти причудливые растения принадлежат к многочисленному семейству кактусовых, известно свыше 3000 видов. На родине — в Америке, кактусы используют как топливо и в строительстве.

В основном кактусы не имеют листьев, а их функцию выполняет утолщенный зеленый стебель, который может иметь самую разную форму: шаровидную, цилиндрическую, трехгранную и др.

Стебли кактусов бывают гладкие, ребристые, бугорчатые, с сосочками или выемками. Снаружи они покрыты восковым налетом. Такое строение дает им возможность запасать влагу в период дождей и экономно расходовать ее в засушливый период.

Цветки у кактусов воронковидные, трубчатые, сидячие, бывают очень душистые. Некоторые виды цветут только ночью. Расцветки самые разнообразные — не бывает только синих.

Эти растения имеют почки, которые называются ореолами. Они бывают покрыты шерстистым опушением и в большинстве своем несут колючки, различной формы и длины. Волоски, щетинки и колючки служат для защиты от животных и регулируют испарение влаги.

Кактусы, в общем, привыкли жить в исключительных условиях, где соотношения света, температуры и воды являются экстремальными. Но все-таки они нуждаются в определенном уходе.

Лучше всего кактусы развиваются на восточных, юго-восточных и южных окнах, на западных они зацветают позже. Если их не освещать хотя бы по 6 часов в сутки, они могут и не дать цветов. Для появление цветочного бутона кактус нельзя поворачивать, т. к. бутоны формируются на постоянном освещении одного и того же места, во время бутонизации цветок нельзя переставлять. Также эти растения могут не цвести из-за чрезмерного полива.

Летом кактусы поливают ежедневно под вечер водой комнатной температуры. Чем ниже температура воздуха, тем реже поливают растения.

Для хорошего прироста и закладки бутонов растениям необходим ежегодный отдых. Поэтому с осени полив уменьшают и зимой доводят до 1 раза в 7—10 дней. Зимовать кактусы должны в сухих и прохладных помещениях.

Наилучшая температура для многих кактусов 10—15°С. Кактусы высокогорных районов (ребуции, лобивии, айлостеры) зацветают только при холодной зимовке (5—8°С). Во второй половине зимы, когда начинается рост растений, постепенно увеличивают полив кактусов, особенно эпифиллиумов, рипсалидопсисов и тех, которые цветут ранней весной.

Весной, когда настают теплые дни, полив увеличивают и начинают опрыскивать кактусы, что они весьма любят. Вода должна быть около 36°С. Белые волосистые кактусы опрыскивать нельзя — для них повышают влажность воздуха.

Кактусы нуждаются в ежегодной пересадке, ее проводят весной. Растения, цветущие ранней весной, пересаживают сразу после отцветания. Земельная смесь состоит из лиственной, дерновой земли и крупного речного песка. Также необходим дренаж из древесного угля, кирпичной крошки и суперфосфата. Сразу после пересадки кактусы притеняют и не поливают 3 дня.

Растения небольших размеров или медленнорастущие не стоит удобрять. Кактусы, которые заложили бутоны, нельзя подкармливать органическими удобрениями. Весной и летом эти растения лучше всего реагируют на подкормку минеральными удобрениями раз в неделю .

Большинство кактусов размножают семенами, черенками, «детками» и прививкой.

Семена высеивают весной в смесь дерна, листовой земли и песка. При температуре 25°С днем и 15—17°С ночью и постоянном опрыскивании семена прорастают через неделю.

Черенкование можно проводить с апреля по июль. Отделенные от материнского растения части необходимо в течение 2 недель подсушить в вертикальном положении. Затем проводят укоренение в песке или керамзите. Черенки зигокактусов, эпифиллюмов и рипсалисов высаживают сразу после срезки.

Прививка является ценным способом выращивания интересных форм и гибридов. Ее проводят при температуре не ниже 15°C. Привой и подвой должны быть одного диаметра и одинаково сочными.

Прививку делают так: острым ножом быстро срезают растение, к которому делают прививку (подвой). Затем срезают прививаемое растение (привой) и быстро накладывают на срез подвоя так, чтобы у них совпали центры. На верхушку привоя кладут кусок ваты и резинкой привязывают крест накрест под горшок привой к подвою — это помогает срастанию. Место срастания обвязывают шерстяными нитками. Затем растения прикрывают от солнца, умеренно поливают и содержат при температуре 18—20°C. Повязку снимают через 10—12 дней.

Всем известными и любимыми видами домашних кактусов являются зигокактус, или декабрист *(Zigocactus K. Sch.)* и эпифиллюм гибридный, или листостебельный кактус *(Epiphyllum Haw).*

Зигокактус родом из Бразилии, имеет плоские членистые стебли. Цветет зимой красными, средней величины цветками. Любит светлые окна, постоянное место и небольшую посуду, т. к. корневая система у него невелика.

Название эпифиллюм составлено из двух греческих слов и означает «на листе». Это связано с тем, что цветы появляются на стеблях, похожих на листья. Родина цветка — тропическая Америка. Стебли у растения мощные и ветвистые, цветы — крупные, красного, розового или белого цвета. Любит зимовать на солнечном окне, что обеспечивает цветение весной и осенью.

Использование кактусов в медицинских целях неизвестно, но плоды и мякоть кактусов съедобны, а у многих видов еще и вкусны. Из некоторых видов кактусов можно готовить опьяняющие напитки — например всем известную текилу.

Kalanchoe Adans.

КАЛАНХОЭ

Каланхоэ — род тропических суккулентных растений семейства толстянковых, насчитывающий более 200 видов. Название рода происходит от китайского наименования одного из видов.

Наиболее известно каланхоэ перистое *(Kalanchoe pinnata (Lam.) Pers.)* или бриофиллум *(Bryophyllum pinnatum Kurz)* — вечнозеленый многолетник с мясистыми листьями и стеблями. Родина — Мадагаскар.

Листья простые, но различной формы: внизу простые, овальные, верхние — крупнее и разделены на 3—5 долей. По краю листья обычно городчатозубчатые.

Цветки каланхоэ обычно кирпично-красного цвета. Каланхоэ цветет обильно, но нерегулярно, так как является обычным короткодневным растением.

Каланхоэ очень неприхотливы и прекрасно растут на подоконниках в светлых, солнечных, защищенных от прямых солнечных лучей помещениях. С весны до осени растение полива-

ют умеренно, не допуская пересыхания верхнего слоя почвы, зимой поливают мало. Чтобы хорошо образовывались цветочные почки, растение зимой держат при температуре 13—16°С.

Каланхоэ относится к так называемым «живородящим» растениям: по краю листа близ выступов зубцов формируются маленькие дочерние растения, которые, опадая, укореняются. Также растение можно размножать черенками и семенами. Семена очень мелкие, поэтому их рассеивают поверхностно. При температуре 20—22°С и умеренном поливе они прорастают через 10—14 дней. Всходы нуждаются в хорошем освещении.

Черенки укореняют в песке при температуре 20—22°С и поливают умеренно.

Для придания растению формы куста его прищипывают после третьей пары листьев.

В медицине используют сок растения. В нем содержатся флавоноиды, дубильные вещества, витамины, много органических кислот (яблочная, щавелевая, лимонная) и минеральных элементов.

Для получения сока промытые листья и стебли выдерживают одну неделю в темном месте при температуре 5—10°С. Затем измельчают до получения однородной массы, отжимают сок и снова отстаивают при температуре 5—10°С, фильтруют и при необходимости стерилизуют или консервируют спиртом, доводя крепость раствора до 20°. В таком виде сок может храниться в холодильнике до 1 года. На вид это прозрачная жидкость оранжевого оттенка.

- Сок каланхоэ используется при заживлении ран, ожогов, обморожений.
- Сок эффективен при тонзиллите, парадонтозе и стоматитах.

Средство при трофических язвах голени и пролежнях

Берут 40 мл сока каланхоэ и 60 г ланолина безводного и тщательно перемешивают. В полученную смесь можно добавить по 0,25 г фуразолидона и новокаина. Мазь слегка втирают и накладывают на больные места. Хранят в холодильнике.

Средство при трещинах сосков у кормящих матерей

По 2—3 капли сока каланхоэ наносят на каждый сосок после кормления ребенка. Трещины проходят обычно на 5—6-й день.

Средство лечения эрозии шейки матки

Мазь готовят описанным выше образом. Средство применяют, смазывая им тампон. Курс лечения составляет от 5 до 7 дней. Таким же образом лечат разрывы при родах и раны промежности.

Средство при нарывах и язвах

На язвы и вскрытые нарывы, предварительно обработав кожу вокруг них спиртом, накладывают 4—5 слоев марли, обильно смоченных соком, сверху вокруг больного места приклеивают салфетку. 2 раза в день повязку увлажняют соком. Меняют повязку через 1—2 дня.

Если через 5—7 дней состояние не улучшается, к соку каланхоэ необходимо добавить антибиотик неомицин, разведенный фурацилином.

Средство лечения рожи

Сок каланхоэ разводят напополам с 0,5% раствором новокаина (для снятия жжения). Этим раствором смачивают салфетку и накладывают на пораженную часть кожи и прикрепляют. Салфетку увлажняют соком 2—3 раза в день. Рожа проходит через 5—6 дней.

Средство против гриппа

Сок каланхоэ разводят напополам с водой и принимают вовнутрь по 1 столовой ложке 3—6 раз в день. Это повышает иммунитет и способствует более легкому протеканию болезни.

Средство против насморка

При начинающемся насморке достаточно 2—3 раза в день смазать в носу соком из свежего листа каланхоэ, и насморк быстро прекратится.

Если же насморк уже начался, свежий сок каланхоэ по 3—5 капель закапывают в предварительно прочищенный нос.

Средство при варикозном расширении вен и тромбофлебите

Наполняют половину поллитровой бутылки резаными листьями каланхоэ и наливают доверху водки или 70° спирта. Ставят на 1 неделю в темное место и периодически встряхивают.

Полученной настойкой вечером натирают ноги, начиная со стоп и двигаясь к коленям и выше. Обычно боли в ногах проходят сразу, а для исчезновения сетки вен необходимо повторять процедуру 4 месяца подряд.

Callisia fragrans

КАЛЛИЗИЯ ДУШИСТАЯ

Каллизия душистая *(Callisia fragrans)*, или золотой ус, — многолетнее травянистое растение семейства коммелиновых. Растение произрастает в тропиках и субтропиках Антильских островов, Юго-Восточной Азии и Америки. Родина каллизии — Мексика.

Название растения происходит от греческих слов «kallos» — красивый и «lis» — лилия. В 1840 г. растение впервые было упомянуто как *Spironema fragrans*, в 1932 г. его переименовали в *Rectanthera fragrans*, а в 1942 г. Р. Е. Вудсон дал растению окончательное название.

В народе каллизия также известна как китайский или золотой ус, венерин волос, домашний женьшень и дихоризандра.

Каллизия вырастает до 2 м высотой, в комнатных условиях — до 1 м. Образует крупные, очередные, продолговатые ланцетовидные листья длиной 20—30 см и шириной до 6 см, темно- или ярко-зеленые. От основного прямостоячего стебля, похожего на молодую кукурузу,

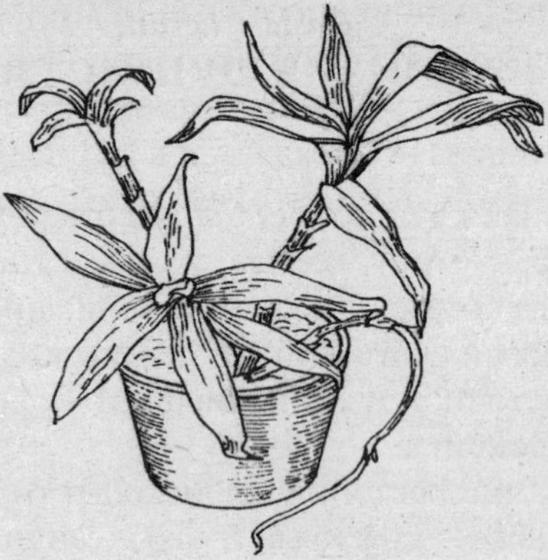

отходят горизонтальные боковые побеги (усы). Усы состоят из «суставчиков», на которых образуются розетки молодых листьев. Цветет каллизия в домашних условиях редко. Цветки мелкие, фиолетовые, собраны в верхушечные метельчатые соцветия, с душистым ароматом.

В комнатном цветоводстве также известна каллизия изящная, образующая листья 5—7 см длиной и 2,5—3 см шириной, сверху бархатистые темно-зеленые с узкими серебристо-белыми прожилками, снизу фиолетово-зеленые или фиолетовые.

Другая разновидность каллизии изящной отличается ярко-розовой окраской цветков.

Золотой ус — неприхотливое растение. Любит свет, но нуждается в защите от прямых солнечных лучей. Летом его рекомендуется выносить на свежий воздух.

Оптимальная температура зимой — 15°С. Летом золотой ус поливать нужно часто, по мере подсыхания земляного кома. Зимой полив следует сократить до 2 раз в неделю, но в то же время он должен быть обильным, иначе растение сбросит листья.

Основной стебель растения часто нуждается в опоре, иначе он может сломаться под собственным весом и тяжестью боковых побегов.

Каллизию предпочтительно выращивать в керамическом горшке с широким дном. Земляная смесь предпочтительна плотная, жирная, оптимальный состав — дерновая земля, перегной и речной песок в соотношении 3:3:1.

В период интенсивного роста растение нуждается в подкормке комплексными удобрениями, предназначенными для комнатных цветов. Прекрасный вариант удобрения — вода, в которой мыли мясо.

Размножается золотой ус самостоятельно укореняющимися боковыми побегами и черенками. Стебель свежесрезанного черенка нужно погрузить в воду. Укоренение происходит через 8—10 суток. Чтобы ускорить процесс, в воду можно добавить стимулятор роста эпин. Чем лучше сформируется корневая система, тем мощнее будет растение, поэтому отросток рекомендуется пересаживать в землю, когда корневая система достаточно разовьется. Наиболее благоприятное время для размножения — март—апрель.

Растение становится целебным после того, как на горизонтальных побегах (усах) образуется не менее 9 полноценных «суставчиков» и они приобретут коричнево-фиолетовый цвет. Если усы остаются зелеными, растение не стало целебным. Причиной может быть недостаток солнечного света, необходимого для выработки в листьях целебного фермента.

В каллизии содержатся биологически активные вещества — флавонолы и фитостероиды. В соке золотого уса присутствуют фитостеролы, выполняющие роль билогических регуляторов — стероидные гормоны, витамины группы D, желчные кислоты.

Сок каллизии также богат железом, никелем, хромом, медью, содержит витамины группы В (рибофлавин и пантотеновую кислоту), витамин РР (никотиновую кислоту), отличается большим содержанием витамина С.

Золотой ус обладает ярко выраженными целебными свойствами. Это мощный антисептик и биогенный стимулятор. Золотой ус обладает Р-витаминной активностью, оздоровляющими, высокими дезинфицирующими, ранозаживляющими и антиоксидантными свойствами. Кроме того, растение обладает капилляроукрепляющим, диуретическим, тонизирующим, спазмолитическим действием. Золотой ус активно борется с различного рода инфекциями, стимулирует процессы обмена веществ, укрепляет иммунитет и кровеносную систему, очищает организм от шлаков, выводит натриевые соли.

♦ Применяемые внутрь препараты из золотого уса способствуют излечению заболеваний кроветворения, обмена веществ, желудочно-кишечного тракта. Растение также используется при аллергических заболеваниях, нефрите, ревматизме, отите, заболевании десен, гипертонии и некоторых инфекционных заболеваниях —

скарлатине, кори, сыпном тифе. Благодаря содержанию кверцетина золотой ус обладает противоопухолевой активностью и применяется при лечении онкологических заболеваний.

- Наружное применение препаратов, изготовленных на основе каллизии душистой, помогает при заживлении трофических язв, ран, ожогов, обморожений. Сок этого растения используется при лечении кожных заболеваний.

В лекарственных целях используются все надземные части растения. Однако следует помнить, что из ствола золотого уса готовится только спиртовая вытяжка для наружного применения.

- Прежде чем приготовить лекарство из усов или ствола каллизии душистой, их нужно выдержать под морозильной камерой в холодильнике при температуре -2—4°С в течении 2 недель, упаковав предварительно в пищевой полиэтилен. Листья с растущего растения срывают по мере необходимости, выдерживают в холодильнике 3 дня, а затем используют для приготовления настоя.

Настой золотого уса

Для настоя используют листья растения. Один крупный лист (не менее 20 см длиной) помещают в стеклянную или керамическую (не металлическую) посуду, заливают 1 л кипятка, тщательно укутывают и настаивают сутки. Настой можно приготовить в термосе. Полученная жидкость имеет малиново-фиолетовый оттенок.

Настой из листьев принимают при *заболеваниях желудочно-кишечного тракта*: в теплом виде 3—4 раза в день за 40 минут до еды по 50—70 мл, а также *для профилактики гипертонии* — по 1 столовой ложке утром и вечером в течение 10 дней.

Спиртовая настойка (вытяжка)

Для спиртовой настойки используют боковые и лианоподобные побеги, разделенные коричнево-фиолетовыми узлами (суставчиками) на отдельные междоузлия (колена).

Измельчить 30—40 колен (концентрация может меняться), залить 1 л водки и настаивать в темном месте в течение 10—15 дней, периодически взбалтывая. Настойка приобретает темно-сиреневый цвет. Затем ее процеживают и хранят в темном прохладном месте. Иногда для настойки используют все растение целиком, оставляя только верхушку для дальнейшего выращивания.

Масло

Масло золотого уса можно приготовить двумя способами.

- Отжать сок из листьев и стеблей каллизии. Отжимки измельчить, высушить, залить оливковым маслом, настаивать в течение 2—3 недель, затем отжать. Получившееся масло хранить в темной стеклянной посуде в темном месте.
- Измельченные усы каллизии залить подсолнечным или оливковым маслом 1:2, поставить в духовку и томить в течение 8—10 часов при температуре 30—40°С. Массу процедить. Хранить в холодильнике.

Мазь

Для приготовления мази необходимо использовать сок или кашицу из стеблей и листьев каллизиии, а также жирную основу (вазелин, детский крем, нутряной животный жир).

Сок смешивают с основой в соотношении 1:3, кашицу — в соотношении 1:2.

Применяются также свежеизмельченные листья и побеги золотого уса. Концентрация настойки и настоя определяется заболеванием и схемой лечения.

В н и м а н и е! Настой нельзя употреблять одновременно со спиртовой вытяжкой.

Настой из листьев золотого уса при сахарном диабете

Один лист длиной 20 см или 2 листа меньшего размера измельчить и залить 0,7 л кипятка. Кипятить в эмалированной кастрюльке 3—5 минут на слабом огне, укутать и настаивать сутки.

Готовый настой принимать в теплом виде 3—4 раза в день за 40 минут до еды по 50—70 мл в зависимости от веса больного.

Настой можно хранить при комнатной температуре, прикрыв чистой салфеткой.

Лечение бронхиальной астмы

15—20 суставчиков (количество суставчиков зависит от их толщины: до 4 мм в диаметре — следует взять 20 штук, более 4 мм в диаметре — 15 штук) лианоподобных отростков золотого уса измельчить, засыпать в бутыль и залить 1 л водки.

Настаивать 14 дней в темном месте, после чего процедить. Настойка приобретает сиреневатый цвет, а со временем может стать коричневой, сохраняя при этом целебные свойства.

Принимать спиртовую вытяжку по 1 мл 3 раза в день за час до еды.

Другой способ — 35—50 суставчиков лианоподобных отростков измельчить, настоять в 1,5 л водки в течение 9 дней в темном месте, процедить. Принимать по 1 десертной ложке за 40 минут до еды, обязательно 3 раза в день.

Ни в коем случае не запивать и не заедать!

Для лечения пиелонефрита и заболеваний мочевыделительной системы

Измельчить 1 лист золотого уса (длина не менее 20 см), залить 1 л горячей воды, закрыть, укутать посуду и настаивать сутки, затем процедить. Принимать по $^1/_2$ стакана 2—3 раза в день. Перед употреблением подогревать на на водяной бане. Курс лечения — 10 дней. Через 2 недели курс можно повторить.

Лечение можно осуществлять в виде лечебных ванн, особенно это актуально *при цистите* и *мочекаменной болезни.*

Для этого необходимо взять 10—15 листьев золотого уса, измельчить, залить 3 л горячей воды, укутать и настаивать сутки. Процедить и добавить в ванну. Ванна не должна быть слишком горячей и находиться в ней следует не дольше 10—15 минут.

Ванну с настоем каллизии хорошо принимать ежедневно перед сном. После процедуры необходимы тепло и покой как минимум 2—3 часа.

Лечение лейкоза

При лейкозе рекомендуется настаивать растение на меде с кагором в следующем весовом соотношении: одну часть измельченного растения каллизии смешать с одной частью гречишного меда и залить двумя частями кагора. Полученную смесь настаивать 40 дней.

Принимать по 1 столовой ложке 3 раза в день за 40 минут до еды и запивать 0,5 стакана отвара сухих цветов каштана конского (1 столовая ложка на литр воды).

Лечение аритмии

Измельчить 14—15 суставчиков растения, залить 0,5 л медицинского спирта и настаивать в темном прохладном месте 14 дней, ежедневно взбалтывая, затем процедить.

В стакан с прохладной кипяченой водой накапать по 15—20 капель готовой спиртовой настойки и принимать 3 раза в день за 1,5 часа до еды в течение 10 дней. Курс можно повторять не ранее чем через 2 недели.

Лечение отита

Лист золотого уса (не менее 5 см) растереть, отжать сок. Смоченный свежевыжатым соком тампон вкладывать в ухо на ночь. При хронических отитах рецепт используют в профилактических целях 2—3 раза в год.

При отите также можно пить настой каллизии по 1 столовой ложке 3 раза в день за 40 минут до еды в течение 10—12 дней.

Лечение остеохондроза и радикулита

Мелко нарезать 40 колен золотого уса, залить 0,5 л водки и настаивать 3 недели в темном прохладном месте, периодически взбалтывая.

Такая настойка принимается наружно в виде компрессов и растираний и одновременно внутрь — 3 раза в день по 1 столовой ложке за час до еды.

Лечение ревматизма

Измельчить 1 зрелый горизонтальный побег каллизии, залить его 1 л водки и настаивать 3 дня в темном месте, затем процедить. Применять в виде компрессов 1 раз в сутки на ночь.

Также можно взять стебель каллизии длиной не менее 10 см и несколько листьев, измельчить и отжать сок. Отжимки подсушить, залить 1—1,5 стаканами оливкового масла и настаивать 10—12 дней. Затем процедить, добавить свежевыжатый сок 2—3 листьев и тщательно перемешать.

Полученной смесью растирать суставы утром и вечером в течение 10 дней.

Лечение кожных заболеваний

Для лечения кожных заболеваний рекомендуется делать ежедневные аппликации ватным тампоном, пропитанным чистым или разведенным соком из усов растения.

Лечение дерматита

Несколько листьев каллизии длиной примерно 20 см измельчить в стеклянной или фарфоровой посуде и отжать через марлю. Применять в виде ежедневных аппликаций из ватного тампона, смоченного свежевыжатым соком, до исчезновения выраженных симптомов.

Несколько листьев длиной 10 см измельчить и смешать с детским кремом в соотношении 2:3. Кашицу наносить на пораженные участки кожи утром и вечером до исчезновения симптомов.

При необходимости курс повторить через месяц.

Лечение пиодермита

Измельчить 3—4 уса каллизии и залить 1 стаканом кипятка. Выдержать на водяной бане 15—20 минут, снять с огня, закрыть, укутать и настаивать 10—12 часов в теплом темном месте, затем процедить. Протирать отваром пораженные места утром и вечером после предварительной санитарной обработки.

При ушибах

Крупный лист золотого уса (не менее 20 см) измельчить, поместить в термос и залить крутым кипятком. Настаивать в течение суток. Настоем пропитать вату или салфетку и делать согревающие компрессы

Можно просто растереть крупный лист до состояния кашицы, приложить его к ушибленному месту, перебинтовать, наложить сверху согревающую повязку и оставить на ночь. Следует помнить, что такая процедура эффективна в первые сутки после получения травмы.

Кашицу из листьев и побегов золотого уса можно использовать в виде компрессов *при ожогах*.

Для укрепления иммунной и нервной системы

Измельчить 3—4 отростка золотого уса, залить 1,5 л медицинского спирта и настаивать 2 недели в темном месте при комнатной температуре, затем процедить.

Перед употреблением спиртовую вытяжку необходимо развести: на 30 мл воды 20—25 капель. Принимать 2—3 раза в день до еды в течение месяца. Через 2 недели курс можно повторить.

200 г меда смешать с измельченной головкой чеснока, соком 3 лимонов и 3 измельченными побегами золотого уса и настаивать 10 дней. Принимать 1 раз в день по 2 чайные ложки после еды.

Периодический прием этих средств в качестве профилактики поможет избежать влияния на самочувствие изменений атмосферного давления, межсезонья и магнитных бурь.

В н и м а н и е! В настоящее время полезные свойства растения до конца не изучены, поэтому к лечению этим растением нужно относиться очень осторожно, строго соблюдая указанные дозировки и учитывая возможность индивидуальной аллергической реакции.

Camelia L.
КАМЕЛИЯ

Камелия — род вечнозеленых деревьев и кустарников семейства чайных. Названа в честь моравского священника и натуралиста Георга Йозефа Камеллиуса (1661—1706), который впервые привез это растение в Европу с Филиппин.

Место распространения этого растения — тропики и субтропики Восточной и Юго-Восточной Азии. В роде насчитывается около 80 видов, но в комнатном цветоводстве выращивают только один — камелию японскую *(Camellia japonica L.)*. При этом камелия японская насчитывает 10 тысяч сортов и различных форм. Примечательно то, что всем известный чайный куст тоже относится к роду камелий.

Камелия японская — вечнозеленое растение до 3 м высотой с большими (до 16 см в диаметре) темными, кожистыми и блестящими листьями, с одиночными крупными цветками различных видов (простые и махровые) и окрасок: белые, розовые, красные и даже пестрые.

Цветение может продолжаться с ноября по май. В домашних условиях камелия прекрасно ра-

стет, цветет и плодоносит. Плод — овальная коробочка с крупными семенами.

Среди комнатных растений также хорошо известна камелия китайская *(Camellia sinensis (L.) Kuntze)*, или чайный куст. Его родина — Юго-Западный Китай и Северный Вьетнам. «Чай» по-китайски означает «молодой листочек».

Как культуру камелию в Китае используют с IV в., а в Европе и России она стала известна с XVI в. Сейчас чайные плантации широко распространены в Индии, Шри-Ланке, Аргентине, Бразилии, Западной Грузии, Азербайджане и Краснодарском крае.

Это растение нельзя назвать неприхотливым — для его содержания необходимо строго соблюдать ряд условий. Во-первых, это должно быть прохладное и хорошо проветриваемое помещение. Во-вторых, следует учитывать, что во время появления бутонов камелию нельзя двигать и резко менять влажность воздуха и температуру.

Растение нельзя ставить около батареи, желательно избегать обрезки, которую камелия переносит болезненно, а земельная смесь должна иметь кислую реакцию. Цветет камелия только в прохладных комнатах или при содержании между двойными рамами. Наиболее благоприятная температура зимой 6—8°С.

Растение обильно поливают и опрыскивают до появления бутонов, после чего полив сокращают. Чтобы цветки были крупнее, на ветках оставляют 1—2 бутона, отщипывая остальные. Температура при цветении не должна превышать 14°С. Но даже при отсутствии цветения камелия является прекрасным декоративным цветком.

Камелия для хорошего развития цветочных почек требует ограничения светового дня до 12—13 часов. В это время ее поливают обильно, но не заливают, а температурный режим поддерживают около 18—20°С, а во время цветения (в декабре — феврале) растению необходима температура не выше 12°С.

Размножают камелию семенами, но при этом может произойти потеря декоративных качеств, или черенками. Верхушечные черенки срезают в августе от побегов, которые не имеют бутонов, и укореняют при температуре 20—24°С в земельную смесь, состоящую из торфяной земли и песка в равных частях. Их поливают и опрыскивают. Обычно корни появляются через 50—60 дней.

Затем растение пересаживают в смесь дерновой, торфяной, листовой, хвойной земли и песка в соотношении 2:2:2:2:1.

Есть сорта, которые плохо укореняются, поэтому их размножают с помощью прививки. Развитые почки из верхней части побега берут в январе. Приживление проходит обычно в течение 2 месяцев.

Пересаживают камелию раз в 2 года. В октябре — ноябре осторожно обрезают побеги, чтобы обеспечить рост и развитие пазушных побегов в течение зимнего периода. В этом случае наблюдается более равномерный рост побегов.

Камелия японская содержит большое количество активно действующих веществ. В листьях находится до 3,5% кофеина, который возбуждающе действует на центральную нервную систему и сердечную мышцу, до 25% дубильных веществ, а также вещества, обладающие капилляроукрепляющим действием, витамины, флавоноиды и небольшое количество эфирных масел.

- Все растение камелии японской считается противораковым.
- Цветы камелии японской используют как вяжущее, антигеморрагическое и тонизирующее средство.
- Отвар из листьев камелии японской применяют при кровохарканье и других видах кровотечения.
- Листья, тронутые морозом, лечат эпилепсию.
- Листья применяют для заживления ран и избавления от гематом, при расстройстве желудка, дизентерии, водянке, переутомлении, малярии, анемии и против опухолей.

Чай из листьев камелии

Листья камелии в домашних условиях собирают с мая по сентябрь. Обрывают только верхушки молодых побегов (флеши): с пятилистных побегов берут 3 верхних листочка, рассыпают их на фанере и завяливают при комнатной температуре в течении 12—18 часов.

Затем листочки скручивают, прокатывая между ладоней, до появления на них белой пены.

Если сразу после этого листья высушить в духовке при температуре 50—70°С, то получится *зеленый чай*. Если нет, то далее их снова раскладывают, прикрывают мокрым полотенцем и оставляют для сбраживания (ферментации) на 5—10 часов.

После этого листочки приобретают характерный для чая коричневый (длительность сбраживания около 5 часов) или черный цвет (около 10 часов) и запах. Затем полученный чай доводят до сухого состояния в духовке при температуре 50—70°С.

Средство при ослаблении памяти

1 чайную ложку сухих листьев камелии заливают полстаканом кипятка и настаивают 10 минут. Пить следует 3 раза в день по $^{1}/_{2}$ стакана. Курс — 1 месяц.

Отвар листьев камелии

10 г чая заливают 1 стаканом кипятка, настаивают 30 минут, затем кипятят 1 час. Полученный отвар фильтруют, а заварку снова заливают кипятком (1:10), опять кипятят 40 минут.

Полученные жидкости смешивают и принимают по 1—2 столовые ложки 4 раза в день за 20—30 минут до еды.

Отвар используют для лечения *дизентерии*, а также *при колитах, энтероколитах, диспепсии* и даже *от похмелья..*

Средство для снижения холестерина в крови

1 чайную ложку зеленого чая настаивают в течение 10 минут в 1 стакане горячей воды. Пьют каждый раз после принятия жирной пищи.

Этим же настоем можно протирать ссадины или порезы при отсутствии других медикаментов.

Средство при солнечных ожогах

1/2 чайной ложки измельченных листьев камелии заваривают 1 стаканом кипящей воды, затем охлаждают и в виде компрессов кладут на обожженные места. И вообще, летом в солнечные дни полезно умываться чаем.

Сосудоукрепляющее средство

Содержащийся в листьях камелии витамин P увеличивает прочность стенок сосудов. Дневная норма этого витамина содержится в 3 стаканах чая.

Средство при укусах насекомых

Для снятия зуда в местах укуса насекомых прикладывают влажные листья камелии.

В н и м а н и е! Не стоит злоупотреблять чаем (более 2 чашек в день) при язве желудка, сердечных аритмиях, беременным и кормящим женщинам.

Saxifraga Juss.

КАМНЕЛОМКА

Название рода происходит от способности растений произрастать в трещинах скал. Камнеломка относится к семейству камнеломковых и произрастает в умеренных и даже арктических районах и высокогорьях Северного полушария и в Андах. Родиной этого растения считаются влажные скалистые склоны гор в Китае и Японии. В семействе насчитывается до 80 родов и до 1200 видов.

Камнеломки — неприхотливые травянистые многолистные растения, прекрасно выглядят на окнах, лучше они растут в горшках, из которых свободно свисают ползучие побеги с дочерними розетками.

В комнатах обычно выращивают камнеломку плетеносную *(Saxifraga stolonifera,* или *sarmentosa, Meerb.).* Стебли укорочены, все листья собраны в прикорневую розетку. Образует удлиненные тонкие усы, или столоны, с дочерними розетками миниатюрных листьев на концах. Листья

округлые, зубчатые, с красноватыми ресничками по краю, оливково-зеленые, с серебристыми жилками.

Существуют и пестролистные формы. Цветки мелкие, белые, невзрачные, собраны в кистевидные или метельчатые соцветия, цветоносы до 40 см длины. Период цветения: весна — лето. Плод — коробочка.

Камнеломка используется как ампельное и как почвопокровное (в больших композициях или оранжереях) растение.

Камнеломка — теневыносливое растение, однако пестролистные формы требуют хорошего освещения. Полив требуется умеренный, но необходимо следить за тем, чтобы земля не пересыхала, зимой — ограниченный, а температура не должна превышать 8—10°С.

Камнеломка хорошо размножается укоренившимися усами с розетками или кусочками побегов. Почвенная смесь для укоренения: дерновая земля, перегнойная земля и песок в соотношении 1:2:1.

Растения хорошо реагируют на слабые растворы любых цветочных удобрений. Старые растения периодически нужно заменять на новые, т. к. они становятся менее декоративными.

Хотя химический состав камнеломки плохо изучен, на родине его широко используют в медицинских целях.

- Сок из листьев закапывают в уши при отитах (воспаление среднего уха), а также накладывают на нарывы.

- Отвары и настои из всего растения используют как жаропонижающее, при нагноениях, фурункулах и обморожениях, при холере, лихорадочных состояниях, конвульсиях и кровавой рвоте.

Настой из растения камнеломки

2 столовые ложки измельченных любых частей растения заливают 1 стаканом кипятка и настаивают 2 часа.

Охлажденный настой применяют в виде примочек *при высокой температуре.*

Отвар из растения камнеломки

15 г сухого сырья (или 30 г свежего) заливают 500 мл воды и кипятят 15 минут. После оставляют, укутав, на 4 часа. Полученным отваром пропитывают льняную ткань, накладывают на нарывы и воспаленные места и привязывают. Повязку меняют ежедневно.

Средство против геморроя

Высушенное растение сжигают, окуривая геморроидальные шишки.

Coffea L.

КОФЕЙНОЕ ДЕРЕВО

Кофейное дерево — род вечнозеленых деревьев и кустарников семейства мареновых. Название, скорее всего, получило от арабского слова «cahve», которым именовали напиток из плодов этого растения. В природе насчитывается около 40 видов этого тропического растения.

Родина кофе — Африка. Но напиток из плодов кофейного дерева получил такое большое признание, что теперь оно широко возделывается в Южной Америке, особенно в Бразилии и на Кубе, а также в Юго-Восточной Азии. Культивировать его начали в Аравии во второй половине VII в. Европейцам известен с XIII в., наибольшее распространение получил в XVII в.

В комнатах обычно выращивают только один вид — кофейное арабское или аравийское дерево *(Coffea arabica L.)*. Его родина — Эфиопия. Оно растет в речных долинах, расположенных на высоте 1200—1500 м над уровнем моря и не переносит тропической жары.

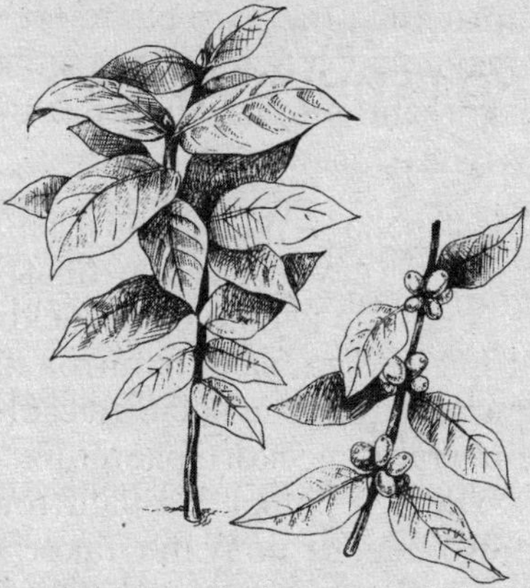

Это растение с темными, блестящими, волнистыми по краям листьями до 15 см в длину. Цветки белые, ароматные, в домашних условиях появляются на третий год в апреле — мае. Плод — красная ягода с твердыми семенами величиной с вишню.

В комнатных условиях кофейному дереву необходимы хорошее освещение и высокая влажность воздуха. Летом для лучшего роста требуется обильный полив теплой водой, подкормка минеральными удобрениями и навозной жижей и опрыскивание. Это растение предпочитает кислую почву и боится сквозняков. Зимой полив ограничивают и содержат растение при температуре не выше 12—14°С.

Кофейные деревья прекрасно размножаются свежими семенами, которые высеивают сразу после очистки от мякоти плодов в почвенную смесь из дерновой, листовой земли и песка (2:1:2). Они прекрасно прорастают при температуре 20°С через 30—40 дней.

Растение можно размножать и черенками, но для их укоренения необходим более высокий температурный режим — 28—30°С. Первое цветение наступает в 3—4 года.

Молодые растения пересаживают каждый год, взрослые — раз в 2—3 года. Деревья, высаженные в кадки, нуждаются в ежегодной подсыпке, а кадку заменяют по мере ее загнивания.

Кофе легко формируют обрезкой в виде куста.

Кофейные семена содержат до 3% кофеина, дубильные вещества, около 8% сахаров, жирные масла и некоторые другие полезные вещества.

◆ Кофейный напиток снимает усталость, головную боль, расширяет сосуды и помогает при некоторых видах отравлений.

Приготовление кофе

Вызревшие семена (зерна) снимают, очищают от красной кожуры, обжаривают на сковородке на слабом огне до коричневого оттенка, остужают, затем измельчают и хранят в закрытой банке. Заваривают из расчета 1—2 чайные ложки на 1 стакан воды.

Crinum L.

КРИНУМ

Кринум — многолетнее травянистое луковичное растение семейства амариллисовых, произрастающее в тропических и субтропических областях Западного и Восточного полушарий. Род насчитывает до 130 видов.

Предполагают, что кринум получил свое название от греческого слова «krinis» — волосы, за длинные свисающие волнистые по краям листья. Существует мнение, что «кринум» — это переведенное на латынь греческое название лилии «кринон» (из-за формы цветка).

Крупные луковицы этого растения покрыты шелушащимися пленками и вечнозелеными листьями. Цветки крупные, на длинной стрелке, чаще белой —кринум азиатский *(Crinum asiaticum L.),* или розовой окраски — кринум Мура *(Crinum moorei Hook. f.).* Соцветие — зонтик с 2—5 крупными цветками с легким душистым ароматом. Цветочная стрелка может достигать 120 см и более. Цветет в различное время года, в зависимости от способа выращивания, но чаще летом или осенью.

Особенности ухода за кринумом зависят от происхождения конкретного вида. В связи с этим растения разделяют на 2 группы: из засушливых и тропических областей. Кринум азиатский относится ко вторым. Поэтому летом желательно яркое освещение и интенсивный полив.

Оперируя интенсивностью полива, можно сдвинуть период цветения. Например, для зимнего цветения период покоя сдвигают на конец лета и осень.

По окончании этого периода начинается интенсивный рост, завершающийся цветением. Затем растение опять отдыхает и при этом сбрасывает большое число листьев. Подкормку проводят после появления цветочной стрелки раствором цветочных удобрений.

Когда наступает период покоя и количество листьев у кринума значительно уменьшается, ему необходимо прохладное помещение и сокращение полива. В комнатных условиях кринумы без периода покоя цвести не будут.

Кринум растет много лет и не теряет своей декоративности, необходимо лишь отделять появляющиеся «детки».

Размножают кринум луковицами-детками, реже семенами. Луковицы-детки зацветают обычно на 3—4-й год.

При посадке луковица на $^{1}/_{3}$ должна располагаться над поверхностью почвы. Почвенная смесь для посадки: дерновая земля, перегной, листовая земля и песок в соотношении 2:1:1:1. Для хорошего роста требуется просторная посуда.

Кринум азиатский издавна известен в восточной медицине как лекарственное растение.

♦ Листья кринума применяют для заживления ран, при абсцессах, карбункулах, как жаропонижающее, при болях в печени, головных болях, болях в пояснице, а также при лечении опухолей.

- Отвар луковиц используется как слабительное при запорах и как средство, стимулирующее менструации.
- Отвар листьев применяют внутрь как отхаркивающее средство, наружно — от геморроя, при заболеваниях и воспалениях кожи.
- Все растение считается противораковым из-за алкалоидов баконина и ликорина — физиологических активных веществ противоракового действия.

Средство от геморроя

50 г свежих листьев кринума заливают 750 мл холодной воды и кипятят на слабом огне в течение 1 часа, выпаривая воду до 500 мл, затем процеживают, охлаждают и хранят в прохладном месте.

Отваром пропитывают тампоны и оставляют их на геморроидальных шишках на 15—20 минут, затем обмывают больные места холодной водой. Через 2—3 часа процедуру повторяют.

Этим же отваром можно протирать *кожные воспаления.*

Жаропонижающее средство

Измельченные в однородную массу листья кринума раскладывают между двумя слоями марли и прикладывают как компресс. Когда компресс нагревается, его меняют на свежий.

Средство при абсцессах

Листья кринума измельчают в кашицу, добавляют немного теплого растительного масла, хорошо перемешивают, перекладывают в баночку из-под крема и хранят в холодильнике.

Смесь используют при разного рода абсцессах, накладывая на больное место и перевязывая. Повязку меняют ежедневно.

Обезболивающее средство

Листья кринума, измельченные в однородную массу, размазывают по больному месту: при головной боли — на висках, при прострелах — на пояснице, и заматывают бинтом. Через некоторое время острая боль проходит.

В н и м а н и е! Сок луковиц кринума ядовит!

Laurus L.
ЛАВР

Лавр — небольшое вечнозеленое дерево с красивой плотной кроной, принадлежит к семейству лавровых. Свое латинское название, возможно, получил от кельтского «lauer» — зеленый. Род насчитывает всего 2 вида, но существует ряд декоративных форм, отличающихся по форме и размеру листьев.

Место распространения этого растения — Средиземноморье, Канарские острова, Западное Закавказье, встречается как в прибрежной полосе, так и на высоте до 300 м над уровнем моря.

В комнатных условиях выращивают лавр благородный *(Laurus nobilis L.)*. Это красивое растение с простыми, продолговатыми, ароматными листьями, горькими на вкус из-за большого содержания дубильных веществ. Цветет в апреле—мае мелкими желтовато-зеленоватыми цветками, собранными в зонтичные соцветия, правда в комнатных условиях — редко. Плод — односемянная овальная черная костянка.

Лавр неприхотливое растение и растет быстро. Любит свет и свежий воздух, но может

расти и в тени. Летом требуется обильный полив и опрыскивание кроны изнутри, т. к. там очень любят селиться щитовки. Лавр лучше растет в небольшой посуде, поэтому при пересадке не надо брать горшок намного больше предыдущего.

Зимой лавр поливают редко и содержат при температуре 12—15°С. Вода для полива не должна быть холодной. В период активного роста требуется подкормка любыми цветочными удобрениями.

Рост лавра (30 см — 1,2 м) обычно поддерживают обрезкой, в том числе и фигурной стрижкой.

Кроне обычно придают пирамидальную или шарообразную форму, подстригая молодые побеги.

Размножают лавр черенками весной и осенью в песке при большой влажности, но укоренение происходит с большим трудом. Размножение семенами проводят с декабря по март, высеивая их в смесь дерновой, листовой земли и песка (2:2:1) и поддерживая температуру не ниже 18°С. При пересадке проростков следует иметь в виду, что лавр любит слабощелочную почву, поэтому в горшок можно добавить немного старой штукатурки.

В медицине используют листья, плоды, вытяжки и настойки из всех частей растения.

- Листья, как пряность, оказывают стимулирующее действие, используются при аменорее, коликах, метеоризме и истерии, стимулируют выход жидкости из организма.
- Вытяжки из всех частей растения рекомендуют как противораковое средство и как средство ухода за кожей лица.

Средство при ревматизме

30 г сухого (или 50 г свежего) лаврового листа и 5 г сухих (или 10 г свежих) можжевеловых игл растирают в порошок, смешивают с 60 г

сливочного масла. Полученную мазь хранят в холодильнике и используют как обезболивающее успокаивающее средство при ревматизме и простудных заболеваниях.

Средство при артритах и артрозах

Средство необходимо готовить с раннего утра. 25—30 г листа лавра благородного заливают 2 стаканами воды и кипятят в эмалированной посуде 5—7 минут.

Снимают с огня, герметично закрывают крышкой (например, можно обмазать верх кастрюли под крышкой полужидким тестом), чтобы сохранить эфирные масла, и настаивают 3 часа в духовке без кипячения. Затем фильтруют и в теплом виде пьют маленькими глоточками до самой ночи, рассчитав так, чтобы закончить перед самым сном.

Должно появиться резкое мочеотделение, иногда — каждые 30 минут. Соли начинают так быстро растворяться и отторгаться, что раздражают мочевой пузырь. Курс лечения — 3 дня.

Каждый день следует готовить свежий отвар. Если во время лечения не есть мясо и ограничить в рационе соль и сахар, это ускорит полное выздоровление.

Через неделю проводят еще один трехдневный курс. При необходимости этот двойной сеанс можно повторить через год.

Средство снижения сахара в крови

8—10 измельченных листочков лавра заваривают в термосе 200 мл кипятка и настаивают сутки. Затем принимают теплым, каждый раз процеживая из термоса по $^{1}/_{4}$ стакана 3—4 раза в день за 30 минут до еды. Курс 3—6 дней.

Хорошо запастись сразу 2 термосами: один настаивают, второй выпивают.

Это же средство рекомендуется *при ослаблении поджелудочной железы.*

Средсто при отите

2 столовые ложки измельченного лаврового листа настаивают в стакане кипятка 2 часа и процеживают. В теплом виде используют для промывания и закапывания в уши. Этот же настой помогает при *частичной потере слуха.*

Средство при параличе конечностей

30—40 г сухих листьев лавра (или 60—70 г свежих) измельчают в порошок (кашицу), настаивают в 1 стакане подсолнечного масла 1 день в горячей духовке . Полученную мазь втирают в пораженные параличом конечности.

Monstera Schott
МОНСТЕРА

Монстера — это мощная лиана, принадлежит к семейству ароидных. Название рода имеет латинское происхождение. При этом существует 2 версии перевода. По первой — название образовано от «monstrotus», то есть «удивительная, причудливая», а по второй — от «monstrum», что означает «чудовище». Родиной считаются тропические леса Центральной Америки. Род насчитывает около 50 видов.

По-другому монстеру называют плаксой из-за способности во влажном воздухе перед дождем собирать на концах листьев капельки воды, которые затем скатываются с растения. На родине эта лиана, прикрепляясь к стволам деревьев, взбирается на большую высоту и повисает сверху вниз.

В комнатном цветоводстве наиболее распространена монстера привлекательная, или лакомая *(Monstera deliciosa)*. Листья у нее довольно крупные, резные. В комнатах цветет очень редко. Цветы собраны в початок кремого цвета. Плоды — яго-

ды до 20 см в длину, очень сладкие и ароматные, по вкусу напоминающие ананас.

Растение имеет многочисленные шнуровидные воздушные корни, которые не следует обрезать.

Монстера — нетребовательное по отношению к свету и температуре растение. Единственное, что она не выносит, это холодные сквозняки. Хорошо растет в прохладных и умеренно теплых комнатах, даже вдали от окон. В период роста — весной и летом нуждается в обильном поливе, подкормке любыми цветочными удобрениями и обтирании листьев водой комнатной температуры.

Следует избегать избыточного увлажнения, иначе на листьях могут появиться некрасивые темные пятна или произойдет загнивание корней. Монстера растет быстро во влажных помещениях. Зимой ее поливают редко. Одним из главных пунктов ухода за этим растением является обеспечение опоры.

Размножение проводят в марте — апреле боковыми отростками или стеблевыми черенками с листом. Срезы присыпают углем и дают подсохнуть, затем высаживают в смесь из равных частей торфа, перегноя и песка. Лучше укореняются черенки, имеющие воздушные корни.

Монстеру можно размножать и семенами. Их сеют с января по май, проращивают под пленкой при температуре 24—30°С. Всходы поливаются через 2—4 недели. Через 1,5 месяца сеянцы пикируют.

Молодые растения пересаживают ежегодно, а взрослые — раз в 3—4 года.

Монстера может прекрасно расти и без пересадки, с каждым годом увеличиваясь в размерах, если ее сразу посадить в достаточно большую емкость. При правильном уходе она может достигнуть 6 м в длину.

Большое растения образует много воздушных корней, которые можно направить в субстрат или баночку с водой, т. к. это содействует лучшему питанию и дальнейшему росту.

Лекарственное значение монстеры не очень известно. Плоды этого растения съедобны, вкусны и содержат в себе ряд полезных веществ. Иногда, обычно при употреблении незрелых плодов, ощущается неприятное жжение во рту из-за наличия кристаллов оксолата кальция в них.

Osmanthus Lour.
ОСМАНТУС

Османтус — небольшое вечнозеленое дерево или кустарник семейства маслиновых. Название образовано от греческих слов и означает «ароматный цветок». Род насчитывает до 15 видов, распространенных в Восточной и Юго-Восточной Азии и Северной Америке.

В комнатных условиях чаще всего выращивают османтус душистый *(Osmanthus fragrans (Thunb.) Lour.)*. Его родина — Гималаи, Китай, Япония и Мьянма. В природе он растет на глинистой почве и красноземах в лесах, на опушках и в горах на высоте до 3700 м над уровнем моря.

Это кустовидное дерево с супротивными, плотными, блестящими кожистыми листьями 6—12 см длиной и 2—6 см шириной. Цветет крупными, красиво окрашенными цветками, собранными в щитковидные соцветия.

Цветки образуются в июне — августе и очень приятно пахнут. Плод — односемянная овальная костянка около 1,5 см длиной.

Османтус лучше растет на светлых окнах в небольшой посуде и хорошо переносит сухость воздуха и даже обильно цветет. Летом требуется усиленный полив.

В период роста необходима подкормка любыми цветочными удобрениями 2 раза в месяц. Зимой — полив умеренный, но земляной ком не должен пересушиваться , желательно понижение температуры до 10—14°С при хорошем освещении.

Размножают османтус полузелеными черенками, высаживая их в почвенную смесь, состоящую из дерновой, листовой земли и песка (2:2:1). Укоренение происходит при температуре 18—20°С в течение 20—25 дней. Для взрослых растений доля листовой земли в земельной смеси уменьшается в 2 раза.

Османтус содержит много полезных биологически активных веществ. В медицинских целях используют только цветки, кору и корни.

- Цветки применяют от кашля, как средство ухода за кожей лица и волосами.
- Душистые цветки служат для улучшения вкуса чая и лекарств.
- Кору используют при фурункулезе и карбункулах, коклюше и ринитах.
- Отвар боковых корней принимают при дисменорее, ушибах и кровоподтеках.

Средство для ароматизации чая

Цветки османтуса заваривают в любой пропорции в отдельном небольшом заварном чайничке, в котором и подают на стол. Доливают в чай по вкусу.

Цветки османтуса можно засушивать при температуре не выше 35°С, а затем использовать в течение всего года.

Средство ухода за волосами

Цветки османтуса заливают кипятком, настаивают 10—15 минут, процеживают. Используют после мытья: подсушенные полотенцем волосы протирают ватой, смоченной настоем.

Средство ухода за кожей лица

$^1/_2$ столовой ложки свежих (или 1 столовую ложку сухих) цветков османтуса заливают 1 стаканом воды, плотно закрывают крышкой и дают настояться 30 минут. Затем охлаждают, процеживают, разливают в формочку для льда и ставят в холодильник. Используют как лосьон для лица, утром и вечером протирая предварительно очищенную кожу кусочками льда.

Passiflora L.

ПАССИФЛОРА

Название рода в переводе с латинского означает «цветок страстей», или страстоцвет: «passio» — страдаю и «flos» — цветок. Название дано миссионерами, увидевшими цветок в Южной Америке. Они усмотрели во внешнем облике цветка символы «страстей Христовых»: крупные цветки олицетворяли терновый венец, тычинки — раны, а рыльце — гвозди, которыми был распят Иисус*.

Чаще всего в комнатах выращивают пассифлору инкарнатную *(Passiflora incarnata L.)*. Видовой эпитет «incarnata» в данном случае означает «воплощенный», таким образом название цветка переводится как «цветок, воплощающий страдания Христа».

Известны и другие виды пассифлоры. Среди них наиболее распространены — пассифлора голубая *(P. cuerulea)*, или Кавалерская звезда, и пассифлора съедобная *(P. edulis)*. Наиболее вкус-

* По другой версии, тычинки цветов напоминали гвозди, а пятна на лепестках — капли праведной крови.

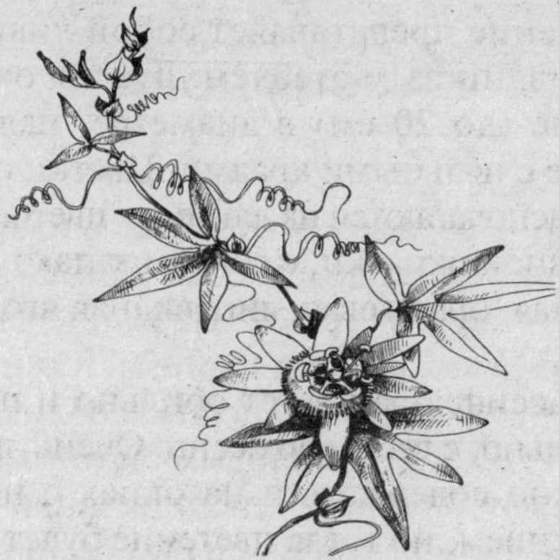

ные плоды дает пассифлора сладкая *(P. ligularis)*. Самые красивые цветки у пассифлоры шарлахоцветной *(P. coccinea)* и у пассифлоры крылатой *(P. alata)*, или бразильской маракуйи. А самые быстрорастущие — это пассифлора банановая *(P. mollissima)* и пассифлора четырехгранная *(P. quadrangularis)*, части растения которой используются в медицине.

Пассифлора — одна из немногих тропических лиан, культивируемых в комнатном цветоводстве, которые имеют такие крупные (7—12 см в диаметре) удивительные по форме цветки.

Растение представляет собой лиану с гладким травянистым стеблем. Листья очередные, крупные (до 20 см) в диаметре, пальчатораздельные с цельными краями. Цветки очень красивы, располагаются на длинных цветоносах, разнообразной окраски, с легким запахом. Плод — съедобная, оранжевая, яйцевидная ягода длиной до 6 см.

Пассифлора цветет обильно и продолжительно, с весны до осени. Очень любит свет. Ее можно содержать и на окнах с некоторым затемнением, но тогда цветение будет менее активным. Растению необходим приток свежего воздуха, но при этом пассифлора не переносит сквозняков и даже может сбросить листву. Любит прохладные комнаты. Летом полив обильный и обязательно опрыскивание. Зимой пассифлоре необходим период покоя — она частично сбрасывает листья. В это время полив уменьшают.

В весенне-летний период, когда наступает бурный рост, растение раз в неделю подкармливают органическими и минеральными удобрениями.

После того как пассифлора отцвела, перед началом зимнего периода длинные разросшиеся побеги значительно укорачивают (до 50 см). Обрезку проводят и весной — это стимулирует прирост молодых побегов и обильное цветение, т. к. бутоны завязываются именно на молодых побегах.

Необходимое условие хорошего роста растения — это обеспечение опоры для развивающихся новых побегов.

Размножают пассифлору в весенне-летний период верхушечными черенками или корневыми отпрысками. Срезы черенков припудривают древесной золой, затем высаживают в почву, состоящую из равных частей любой питательной легкой земли и песка.

Для быстрого укоренения необходима температура до 25°С, высокая влажность почвы и регулярный полив. Через месяц черенки можно высаживать на постоянное место в следующую почвенную смесь: листовая земля, перегной, дерновая земля и песок в соотношении 1:2:2:1.

Семена высеивают в феврале — марте в плоские сосуды в почвенную смесь из равных частей листовой, торфяной, перегнойной земли и песка. Необходимы температура 20—24°С и повышенная влажность воздуха.

Лекарственным сырьем является трава пассифлоры: стебли и листья. Они содержат около 0,05% алкалоидов гармана, гармина и гармола, сапонины, витамины, в частности аскорбиновую кислоту. Присутствуют и фенольные соединения, флавоноиды, кумарины, хиноны, белковые и пектиновые соединения.

Снотворное средство

Берут 2—3 чайные ложки травы пассифлоры на 1 стакан воды и заваривают как чай. Пьют за 30 минут до сна.

Экстракт пассифлоры

100 г сухих (или 200 г свежих) листьев и стеблей пассифлоры заливают 1 стаканом водки или разбавленного спирта и оставляют на 2 недели в темном месте. Затем процеживают и хранят в холодильнике. Получается жидкость темно-коричневого цвета с горьковатым вкусом.

Принимают по 20—40 капель 3 раза в день. Успокаивающее действие экстракта продолжается в течение 2—3 часов. Курс лечения 20—30 дней.

Применяется в качестве седативного (успокаивающего) средства при различных *заболевани-*

ях нервной системы, сопровождающихся повышенной возбудимостью, бессонницей и головной болью, а также *при климактерических расстройствах* и *хроническом алкоголизме*.

Отвар пассифлоры

20 г сухого растения или 40 г свежего заливают 2 стаканами холодной воды, доводят до кипения и оставляют на медленном огне в течение 30 минут. Полученный отвар процеживают и выпивают в 3 приема за 1 день.

Применяют при тех же заболеваниях, что и экстракт.

В н и м а н и е! Не применять в высоких дозах при беременности. Противопоказаны препараты из пассифлоры при стенокардии, инфаркте миокарда, атеросклерозе сосудов мозга и сердца.

Pelargonium L'Her. ex Ait
ПЕЛАРГОНИЯ

Пеларгония — душистый полукустарник из семейства гераниевых. Название получил от греческого слова «pelargos», что означает «аист» или «клюваиста», за сходство плодов с клювом аиста. У пеларгонии существует и другое название — комнатная герань. В роду насчитывается до 350 однолетних и многолетних видов растений, обитающих главным образом в Южной Африке.

Пеларгонии с сильно рассеченными листьями, которые особенно популярны в домашнем цветоводстве, произошли от пеларгонии душистой *(Pelargonium odoratissimum)*.

Пеларгония душистая — кустарник или полукустарник высотой 1—1,5 м, с сильноветвящимися, опушенными стеблями. Листья округлые рассеченные, сильно опушенные. Цветет летом некрупными розовыми или фиолетовыми цветочками, собранными в зонтичные соцветия. К этой группе душистых гераней относятся пеларгония курчавая *(P. crispum)*, пеларгония сильнопахнущая *(P. graveolens)* и пеларгония войлочная *(P. tomentosum)*.

Хорошо известна и пеларгония садовая *(Pelargonium hortjrum)*, или зональная *(Pelargonium zonale)*. Получена в результате смешения сложных видов, имеет цельные листья и отличается от остальных коричневой каймой вдоль края листа.

Цветки бывают простые и махровые, белые, красные, розовые и пестрые.

Пеларгонии отличаются редкой неприхотливостью. Все пеларгонии могут накапливать воду, поэтому считаются сухостойкими. Любят светлое, солнечное место и свежий воздух. Летом полив обильный, зимой — ограниченный.

Необходимо следить, чтобы вода не попадала на стебель и листья. Для создания невысокой пышной кроны и хорошего цветения в марте пеларгонию подрезают. С весны до осени хорошо вносить цветочные удобрения, добавляя в них микроэлементы.

Размножение производят верхушечными черенками весной или осенью. После срезки черенки 1 час подсушивают и высаживают в смесь равных частей торфа и песка. Черенки укореняются через 2—3 недели при температуре 18—20°С. Гибридные сорта пеларгонии зональной выращивают исключительно из семян.

В медицине применяются листья и плоды пеларгонии душистой. Ценится она в основном из-за высокого содержания эфирных масел.

- Измельченные листья прикладывают к ожогам, различным опухолям, к поверхностным ранам.
- Японцы используют листья пеларгонии при обморожениях и кровоподтеках, а также при изготовлении готовых средств, стимулирующих работу желудка.
- Эфирные масла герани применяют локально при шейковых раковых заболеваниях.

Средство при диарее

10 г свежих листьев пеларгонии душистой заливают 300 мл холодной воды, кипятят в течение 1 часа на слабом огне. Затем процеживают и принимают 3 раза в день по $^1/_3$ стакана как вяжущее средство.

Этот отвар особенно рекомендуется для детей, стариков и ослабленных больных.

Заживляющее средство

Измельченные листья пеларгонии накладывают на поверхностные раны и обожженные места и привязывают бинтом. Через 2—3 часа повязку меняют.

Средство при боли в ухе

Берут 1 лист пеларгонии душистой, слегка растирают между ладонями, скатывают в небольшой тампончик и помещают в больное ухо. Через некоторое время острая боль проходит.

Мочегонное средство

30 г свежих листьев пеларгонии заливают 1 стаканом кипятка, закрывают крышкой и настаивают в течение 10 минут. Затем процеживают и принимают по $^1/_3$ стакана 3 раза в день.

Capsicum annum

ПЕРЕЦ КОМНАТНЫЙ

Перец — это однолетнее или многолетнее травянистое растение. Произрастает главным образом в тропиках Америки и муссонных областях Восточной Азии, а также в Африке, Индии, Японии. Родина перца — Мексика. Существует множество форм и сортов.

В комнатных условиях выращивают две разновидности перца — лазящий и кустовой.

Лазящие перцы *(Piper)* принадлежат семейству перечных. Среди них наиболее известен черный перец, а в комнатном цветоводстве — перец шафранный *(Piper crocatum)*. Это красочная лиана до 1,5 м длиной. Образует морщинистые, сердцевидные листья длиной 10 см, с восковым налетом, серебристыми пятнами, розовыми жилками и черешками и красной нижней стороной. Также популярен перец украшенный *(Piper ornatum)*. Листья у него с ярко выраженными серебристыми жилками, снизу бледно-зеленые.

Кустовой перец — это род полукустарников семейства пасленовых. Комнатный перец

(Capsicum annum) обычно относится к однолетним растениям.

Существует несколько названий, относящихся к роду капсикум: африканский птичий перец, африканский кайенский, африканский чили, американский перец, звонкий перец, кайенский перец, чили перец, горячий перец, красный перец, испанский перец, табаско перец.

Комнатный перец используют для выращивания в горшках, одиночно, в групповых насаждениях и для украшения балконов.

Растение в высоту достигает 20—30 см, отличается декоративностью благодаря цветкам и плодам. Цветки у перца обоеполые, самоопыляющиеся, диаметром до 1 см, в виде белой звездочки. Плоды имеют слабый запах и жгучий вкус благодаря содержанию значительного количества алкалоида капсаицина. Свежие или сушеные плоды употребляют в пищу как пряность.

Комнатный перец – светолюбивое растение. Однако он способен перенести легкое затенение и увядает на сильном солнцепеке.

Полив требуется обильный. Время от времени полезно применять метод погружения. Листья рекомендуется часто опрыскивать.

Комнатный перец прекрасно растет при температуре 15—18°С. Допускаются некоторые колебания, но главное, чтобы температура не была ниже 12°С.

Размножают перец семенами, которые высеивают с марта по май в рассадные ящики в теплом месте или под стекло. При температуре 20—22°С всходы появляются через 10—14 дней. Почву необходимо постоянно увлажнять. Через 5—6 недель сеянцы пикируют, затем окрепшие растения рассаживают в горшки с легким плодородным грунтом.

Для более щедрого цветения побеги, которые активно растут, прищипывают, стимулируя разветвление.

Плоды снимают по мере созревания.

В лекарственных целях используют высушенные зрелые плоды комнатного перца.

Перец богат различными химическими и питательными веществами. В нем содержатся бета-каротин, витамины С, Е, РР, бром, кальций, цинк, капсаицин, углеводы (45%), кобальт, жиры (1%), волокна (9%), фолиевая кислота, железо, линолевая кислота, магний, молибден, олеиновая кислота, пальмитиновая кислота, фосфор, калий, белок (9%), стеариновая кислота, сера. Растение оказывает антибактериальное, противосвертывающее, гипотензивное, антисептическое, спазмолитическое, вяжущее, ветрогонное, противораздражающее, потогонное действие.

Перец повышает половое возбуждение, стимулирует и тонизирует кровообращение. Помогает восстановить эластичность кровеносной системы, нормализовать кровяное давление. Способствует пищеварению, возбуждает центральную нервную систему, с другими травами являет собой катализатор и синергист. Используется как кровоостанавливающее, желудочное, тонизирующее средство.

В лекарственных целях перец используется при таких заболеваниях, как абсцесс, СПИД, артериосклероз, артрит, астма, спортивные повреждения, сердечные нарушения, хронический ларингит (полоскание), нарушения кровообращения, простуда, запор, диарея, водянка, диспепсия, утомление, метеоризм, гангрена, гонорея, гиперхолестеролемия, артериальная гипертензия, менструальные расстройства, мигрени, тошнота, невралгии, боли, фарингит, плеврит, ревматизм, ревматоидный артрит, тонзиллит, угри. Местно, в виде примочек, применяется при язвах, опоясывающем лишае, обморожениях, поясничных болях.

В качестве гомеопатического средства используется при слепоте, астме, кашле, дифтерии, дизентерии, ушных болезнях, головных болях, изжоге, геморрое, грыже, кори, ожирении, коклюше, пневмонии, дыхательных нарушениях, ревматической подагре, ревматизме, стоматите.

Приготовление настойки

Для лечения в основном используют только одну лекарственную форму — настойку.

Для приготовления настойки берут 50—120 мг высушенных плодов и настаивают на спирте. Для сильной настойки необходим 60° спирт, добавленный в соотношении 1:3 (при этом прием осуществляется по 0,2 мл не более 3 раз в день). Для обычной — 60° спирт, добавленный в соотношении 1:20 (прием по 1 мл), или 95° спирт — в соотношении 1:5 (прием по 5—10 капель до 3 раз в день).

Здесь важно учитывать взаимодействия лекарств. Перец может противодействовать гипотензивным средствам и усиливать метаболизм лекарств в печени. Имеется потенциальный риск усиления артериальной гипертензии, когда он используется с некоторыми лекарствами. При приеме с анестезирующими средствами увеличивается гипотензивный эффект, с мочегонными средствами — трудности с мочеотделением и артериальной гипертензией. Ярко выражен антагонизм с симпатомиметиками.

В н и м а н и е! Избыточное использование перца в лекарственных целях может вести к гастроэнтериту, повреждению почек и печени. Компресс может вызвать образование кожных волдырей.

Hedera L.

ПЛЮЩ

Род вечнозеленых одревесневающих лиан, иногда кустарников семейства аралиевых. Распространены в сухих и влажных субтропиках Европы, Азии, Африки. Известно 15 видов.

В комнатных условиях обычно выращивается плющ обыкновенный *(Hedera helix L.)*. Это вечнозеленое лазящее растение с воздушными корнями, присасывающимися к опоре.

Листья очередные, простые, 3—7-лопастные, кожистые, голые, темно-зеленые с более светлыми выступающими жилками, окаймлены светлой полосой. Цветки мелкие, зеленовато-желтые, в зонтиковых соцветиях. В комнатных условиях не цветет. В культуре известно более 100 форм, отличающихся размером, формой и окраской листьев.

Растение очень неприхотливое. Индифферентно относится к температурному режиму, а хорошее освещение требуется только для пестролистных сортов, т. к. в тени у них окраска тускнеет. Плющ требует высокой влажности возду-

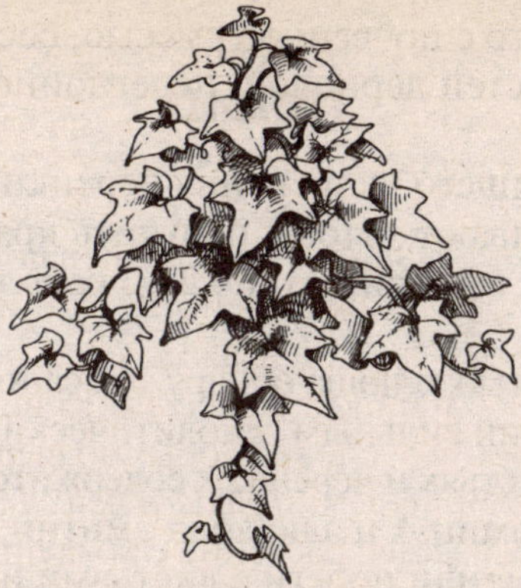

ха, поэтому листья нужно регулярно опрыскивать. Летом полив обильный, зимой, если растение зимует в прохладном месте, полив ограничивают. Рекомендуется выращивать в небольших горшках.

У пестролистных форм иногда появляются чисто зеленые побеги, которые своевременно удаляют.

Плющ легко размножается черенками практически в течение всего года, но быстрее всего зеленые черенки укореняются в конце лета. Черенки сразу же высаживают в горшки на постоянное место с почвенной смесью, состоящей из равных частей дерновой, перегнойной земли и песка.

Для лучшего укоренения черенки поливают и опрыскивают. Чтобы получить красивые экземпляры, высаживают по 2—3 растения в один горшок.

В листьях плюща обнаружен сапонин, обладающий сильным гемолитическим действием*. А в листьях и черешках содержится витамин Е, провитамин А и алкалоид эмитин.

♦ Листья или побеги с листьями используют при кашле, головной боли, они окузывают потогонное действие, стимулируют менструации.

♦ Спиртовой экстракт плодов понижает кровяное давление.

♦ Все растение обладает обеззараживающим свойством, используется также против мозолей, бородавок, жировиков, опухолей, как слабительное, рвотное, при полипах, ревматизме, склерозе, болях в конечностях, регулирует тонус сосудов.

---

* Гемолитическое действие, или гемолиз — процесс образования гемоглобина в крови.

Средство против бородавок и мозолей

Листик плюща обыкновенного измельчают, полученную кашицу прикладывают на бородавку или мозоль, прикрепляют пластырем и оставляют на ночь. Утром промывают, слегка потерев мозоль пемзой.

Процедуру повторяют до полного исчезновения наростов.

Средство при головной боли

20 г листьев плюща отваривают в 200 г воды в течение 20 минут, процеживают, охлаждают. Маленькое махровое полотенце вымачивают в холодном отваре, отжимают и кладут на голову. Когда полотенце нагреется, его опять опускают в холодный отвар и повторяют процедуру. Головная боль должна скоро пройти.

В н и м а н и е! Растение ядовито! Поэтому не следует самостоятельно готовить лекарства для внутреннего употребления.

Poncirus Rafin.

ПОНЦИРУС

Понцирус — это небольшое деревце или кустарник из семейства рутовых. Включает в себя только один вид: понцирус трехлисточковый *(Poncirus trifoliata (L.),* или цитрус трехлисточковый *(Citrus trifoliata L.).* Произрастает в субтропиках Центрального Китая и Гималаях. На родине из-за своих колючек часто используется как живая изгородь.

Понцирус — листопадное растение, имеет угловато-сплюснутые, ребристые стебли с колючками 1—3 см длиной, тройчатые сложные листья и листовидную кайму вдоль черешка. Цветки белые, одиночные, пазушные. Плоды мелкие и несъедобные: горькие и кислые. Цветение растения продолжается до появления листьев.

Часто его используют как подвой для ценных пород кактусов, т. е. прививают к нему другое растение.

Понцирус весьма неприхотлив, любит прохладные помещения. Летом необходим обильный полив и подкормка цветочными удоб-

рениями, зимой полив ограничивают. Растение хорошо переносит обрезку, поэтому ему можно придать красивую декоративную форму. Размножают семенами, которые сразу высевают в горшки.

Лучше всего изучен химический состав плодов понцируса. В частности там найдено эфирное масло и пектин. В медицине также используют стебли, кору и семена понцируса.

• Стеблевые колючки используют на Востоке в стоматологической практике.

♦ Стебель применяют при простуде.

♦ Незрелые высушенные плоды используют при расстройствах желудка (как противорвотное), для стимуляции мочеотделения и лактации, при застое крови, при ревматизме, люмбаго и против кишечных паразитов.

Средство от простуды

Стебли понцируса мелко нарезают и высушивают при 50—60°С. Затем пересыпают и хранят в банке с крышкой.

5 г сухих стеблей заливают $^1/_2$ стакана холодной воды, доводят до кипения и оставляют на 20 минут на медленном огне. Затем процеживают. Принимают теплым на ночь, лежа в постели.

Мочегонное средство

Собирают незрелые плоды и высушивают целиком при температуре 35—40°С.

7—10 сухих плодов заливают $^1/_2$ стакана кипятка, закрывают крышечкой и настаивают 5—10 минут, затем выпивают небольшими глотками в 3 приема за день.

Psidium L.

ПСИДИУМ

В роде Псидиум из семейства миртовых около 100 видов, обитающих в тропической Америке, Азии и Африке. Наиболее известным растением этого рода считается гуаява. Ряд видов — ценные плодовые культуры, широко возделываемые на родине.

Псидиум гуаява *(Psidium guajava L.)* — это вечнозеленое дерево (в природе до 10 м высотой), реже — кустарник. Листья цельные, продолговатые, 1—10 см длиной и 3—5 см шириной, голые сверху и опушенные снизу.

Цветки одиночные или собраны по 2—3 в пазухах листьев, белые. Плоды грушевидные, длиной до 12 см, съедобные, с розовой, белой или желтой ароматной мякотью. В комнатных условиях плодоносит редко.

Псидиум светолюбив, хорошо себя чувствует при температуре 18—24°С. Ему требуется регулярное опрыскивание и хороший полив. Гуаява предпочитает расти в крупных емкостях с

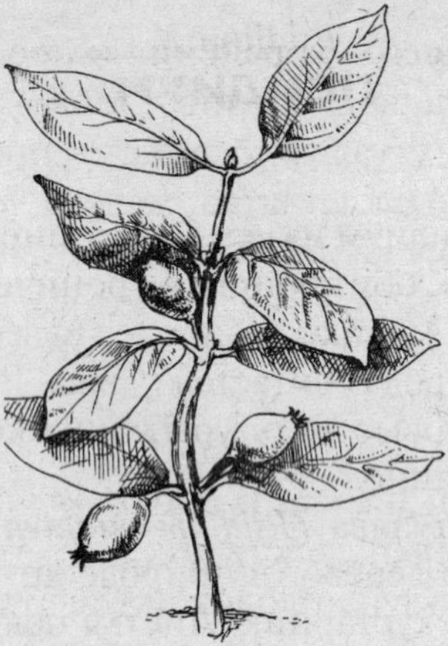

плодородной почвой. Хорошо реагирует на ежемесячную подкормку навозной жижей.

Гуаява хорошо реагирует на формирование кроны с помощью пинцировки* и обрезки.

Размножают растение семенами, прививками, но чаще всего полуодревесневшими черенками. Семена и черенки высаживают в смесь дерна, перегноя и песка, взятых в равных частях.

* Пинцировка — удаление верхушки молодого побега для усиления роста боковых побегов.

Для лучшего укоренения и прорастания необходим обильный полив и тепло.

В плодах гуаявы содержатся протеин, жиры, углеводы, клетчатка, железо, натрий, кальций, фосфор, калий, а также витамины B_1, B_2 и С (до 1135 мг на 100 г плодов). Листья тоже очень полезны: в 100 г содержится 11,7 г протеина, 8,7 г жиров, 7,9 г общих углеводов, зола, клетчатка, 1345 мг кальция и 160 мг фосфора.

♦ Листья, цветки и плоды гуаявы обладают бактерицидным действием.

♦ Экстракт из плодов активен против сальмонелл.

♦ Настой из листьев гуаявы оказывает положительное влияние при сахарном диабете средней тяжести, а также используется при начальной стадии диабета и для его профилактики.

Средство при сахарном диабете

Берут 10 г свежих листьев псидиума гуаявы, заваривают в чайнике и пьют как чай в течение дня.

Это одно из самых эффективных средств при начальной стадии диабета.

Средство для повышения иммунитета

Созревшие плоды гуаявы собирают, нарезают и высушивают при температуре 80—90°С. Хранят в бумажных или холщовых мешочках. Употребляют, добавляя в компоты из сухофруктов или заваривая вместе с чаем.

Средство против подростковых прыщей

Цветы или измельченные листья псидиума гуаявы заваривают кипятком и настаивают в течение 10 минут под крышкой. Затем процеживают и этим настоем в течение дня протирают воспаленные места.

Pteris L.

ПТЕРИС

В роде Птерис из семейства птерисовых до 250 видов растений, распространенных во влажных тропиках и субтропиках всего мира. Растет по берегам рек, на камнях, в трещинах скал.

Род получил название из-за формы листа, в переводе с греческого оно означает «крыло».

В комнатных условиях обычно выращивают птерис многонадрезный *(Pteris multifida Poirter)*. Он представляет собой многолетний декоративный папоротник с подземным стеблем-корневищем. Листья широкотреугольные, дваждыперисторассеченные, 20—40 см длиной, 12—10 см шириной. Черешок 20—25 см длиной. Вдоль стержня листа проходит листовидная кайма.

У всех видов много форм, различающихся очертанием, размером и окраской листьев.

Птерис, как и остальные папоротники, никогда не цветет, не имеет плодов и в природе размножается спорами.

Птерис — светолюбивое растение и хорошо растет на подоконниках. Нуждается в

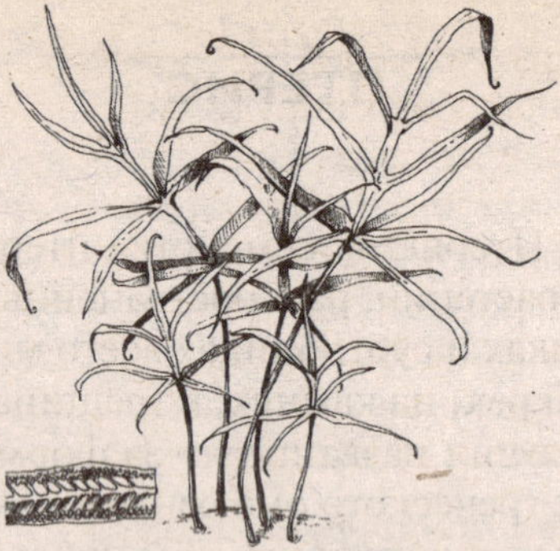

высокой влажности воздуха. В период роста — полив обильный, зимой — умеренный: нельзя допускать пересыхания земляного кома.

Все виды папоротников предпочитают слабокислую почву, а птерис многонадрезный — нейтральную. В период роста вносят подкормку цветочными удобрениями (концентрация в 2 раза меньше, чем указано на упаковке).

Размножается в весенний период делением корневищ или спорами. Земляная смесь состоит из перегноя, листовой земли и песка, взятых в равных частях.

Химический состав растения не изучен, однако растение используется в народной медицине ряда стран.

• Отвар из всех частей растения используется при кровотечениях, боли в груди, дизентерии, гепатите, инфекциях мочевых путей, при отравлении инсектицидами, а также при раковой гематоме.

• На Филиппинах сок из листьев применяют при дизентерии и как глистогонное средство.

• В Малайзии сок листьев используют для лечения кандидозных стоматитов, а сок корней — при воспалении лимфатических узлов.

Средство при фурункулезе

5 г сухого или 10 г свежего папоротника заливают $^1/_3$ стакана холодной воды, доводят до кипения и держат на слабом огне еще 10 минут. Отвар процеживают и в виде компрессов накладывают на фурункулы.

Средство лечения кандидозного стоматита

20 г листьев папоротника измельчают, заливают 1 стаканом холодной воды и оставляют на ночь. Утром процеживают и применяют для полоскания полости рта 3 раза в день. Отливают $^1/_3$ стакана жидкости, чуть подогревают ее, половину порции берут в рот и держат в течение 3—5 минут, затем выплевывают и прополаскивают рот оставшейся половиной порции.

Raphidophora Hassk.
РАФИДОФОРА

Рафидофора — это лиана, относится к семейству ароидных. Название в переводе с греческого означает «несущая иглы». Это связано с тем, что некоторые виды этой лианы имеют острые игольчатые волоски. Род насчитывает около 100 видов. Родина этого растения Индия, Шри-Ланка и Индокитай. Растет в тропических влажных лесах.

В комнатном цветоводстве чаще всего встречается рафидофора низбегающая *(Raphidophora decurosiva (Roxb.) Schott)*. Образует мощный (3—4 см в диаметре), ветвящийся зеленый стебель с большими продолговатыми, темно-зелеными, перисторассеченными, кожистыми листьями и мощным цветоносом. Взрослые листья почти сердцевидные, молодые — овальные. Черешок длинный, коленчатый, 30—40 см длиной. Соцветие верхушечное, в виде желтого початка цилиндрической формы.

Цветки обоеполые. В комнатных условиях почти не плодоносит. Это растение внешне немного напоминает монстеру.

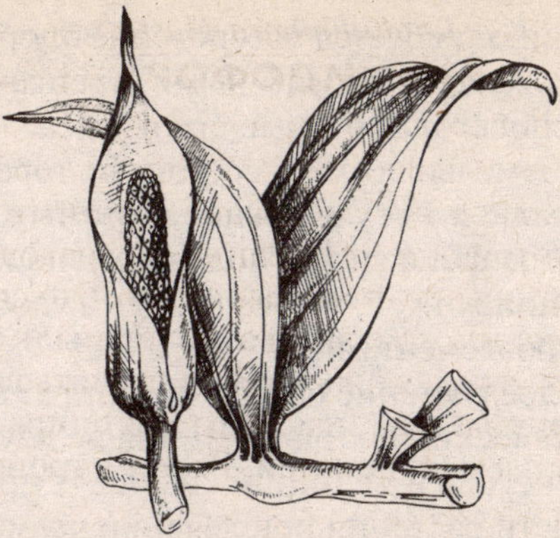

Рафидофора хорошо растет в условиях повышенной влажности и при температуре не ниже 18°С. Любит свет, но переносит и тень. Недостаток влажности, тепла и освещения приводит к замедлению роста и сказывается на окраске листьев.

Весной и летом нуждается в обильном поливе, подкормке любыми цветочными удобрениями и обтирании листьев водой комнатной температуры. Зимой полив сокращают.

Рафидофору обычно используют для озеленения стен в умеренно теплых комнатах.

Растению требуется обеспечение опоры.

Размножается верхушечными черенками и отрезками побегов, которые сразу высаживают в горшки. Земельная смесь состоит их торфа, листовой земли и песка, взятых в равных частях. После укоренения вносят подкормку: попеременно навозной жижей, минеральными удобрениями и микроэлементами.

Взрослое растение пересаживают раз в 3 года.

Химический состав растения не изучен, но на Востоке в медицинских целях применяют все части растения при лечении ревматизма.

Антиревматическое средство

25 г листьев рафидофоры моют, нарезают и заливают 400 мл холодной воды, доводят до кипения и оставляют на медленном огне 5 минут, затем снимают с огня и ставят под крышку еще на 10 минут. После отвар процеживают и хранят в прохладном месте. Применяют в виде компрессов, которые накладывают на пораженные ревматизмом суставы.

Rhoeo Hance
РЕО

Рео относится к семейству коммелиновых. Родина этого растения Мексика и Центральная Америка. Растет оно на лесных опушках влажных тропических лесов, по берегам рек и на скалистых местах.

Рео — монотипный род, содержащий только один вид — рео покрывальчатое *(Rhoeo spathacea (Swartz) Steern)*, еще его называют рео пестрым *(Rhoeo discolor (L'Herit.) Hance)*, или традесканцией покрывальчатой *(Tradescantia spathacea (Swartz))*.

Это очень мощное растение высотой до 50 см, с крепким стеблем, от которого отходят мясистые ланцетные листья длиной до 30 см, имеющие двуцветную окраску: снизу пурпурные, сверху блестящие зеленые. Встречаются формы со светло-желтыми и белыми полосами на листьях.

Цветки трехчленные мелкие, белые, располагаются в пазухах листьев пучковидными соц-

ветиями, которые почти скрыты выпуклыми пурпурными прицветниками (кроющими листьями). Прицветники напоминают раковину устрицы. Цветут эти растения круглый год.

Рео разноцветный — светолюбивое растение, во всем остальном довольно неприхотлив. Требуется лишь обильный полив, опрыскивание и удобрение органическими веществами (навозной жижей) летом. Осенью и зимой полив умеренный, температура не ниже 18°С.

Размножают рео делением куста или черенкованием молодых больших побегов, образующихся в основании главного стебля.

Укоренение происходит в течение двух недель при температуре 22—24°С. После укоренения высаживают в горшки в почвенную смесь, состоящую из равных частей дерновой и листовой земли, перегноя, торфа и песка.

Химический состав растения неизвестен, но в народной медицине рео используется давно.

- Цветки растения рекомендуются для лечения дизентерии, кишечных кровотечений и при кровохарканье.
- Все растение используют как мочегонное, жаропонижающее при грудных заболеваниях, как средство, способствующее заживлению ран, а также в виде компрессов на опухоли.
- Сок применяют для прекращения кровотечения из десен.
- Отвар из листьев используют при заболевании дыхательных путей.
- Листья используют для уменьшения болей при ревматизме.

♦ В Мексике сок растения используют в качестве румян, т. к. он вызывает покраснение.

Средство уменьшения боли при ревматизме

Листья рео целиком нагревают над паром или опускают в кипящую воду на 10 секунд и сразу накладывают на больные суставы, сверху оборачивают полотенцем. Когда лист остынет, при необходимости его заменяют новым.

Средство для заживления ран

Листья рео измельчают в кашицу, выкладывают между двумя слоями марли и привязывают бинтом к ране. Повязку обновляют ежедневно.

Средство против кровоточивости десен

Листья сильно измельчают, отжимают сок и пропитывают им небольшие кусочки ваты. Накладывают на десны под губы и оставляют на некоторое время.

Cycas L.

САГОВНИК

Саговник — древнее растение, сохранившееся на Земле в небольшом числе родов и видов (15—20 видов), относится к семейству саговниковых, растет в тропиках Восточного полушария, по берегам рек в Южной Индии, на островах Тайвань, Шри-Ланка, Фиджи, в Малайзии, на Филиппинах, в Восточной Австралии.

Саговниковые — это голосеменные растения (как наши ели и сосны), потому что не имеют настоящих цветов и плодов, но по внешнему виду они скорее напоминают пальмы или древовидные папоротники.

В комнатных условиях выращивают обычно саговник отвернутый или поникающий *(Cycas revoluta Thunb.)*. Он родом из Японии. Ствол шаровидной формы не превышает 30—50 см, поэтому создается впечатление, что листья отходят от поверхности почвы. Листья крупные, длинные, перистые сегменты их многочисленные, узколинейные, кожистые. Старые листья отогнуты вниз и в стороны, а молодые расположены почти вертикально.

Саговник — двудомное растение: женские и мужские шишки образуются на разных растениях (на верхушке неразветвленного ствола). Женские — рыхлые, состоят из видоизмененных специальных листочков, на которых сидят семяпочки. Мужские шишки — узкие, цилиндрические. Тычинки многочисленные, трехгранные, с пыльниками на нижней стороне. Но в комнатах саговник обычно семян не дает.

Саговник любит яркое освещение (но не прямые лучи), постоянно влажную почву и опрыскивание ствола и листьев, хорошо реагирует на подогрев почвы. Зимой полив очень редкий, иначе загниют корни.

Размножают растение практически в любое время года семенами, верхушками стволов, кругами, вырезанными из ствола, а также отпрысками, которые изредка появляются у главного ствола.

В стволе саговника содержится значительное количество глюкозы, которая улучшает работу печени и сердца, повышает кровяное давление, усиливает обмен веществ. На родине саговник широко используют в народной медицине.

♦ Листья саговника поникающего считаются противораковым средством и применяются при гематомах.

♦ Верхняя часть стебля обладает вяжущим и мочегонным действием.

♦ Считается, что крахмалистое внутреннее содержимое ствола, из которого делают один из видов саго — крупы из крахмала, оказывает омолаживающее действие на организм и способствует продлению жизни.

В н и м а н и е! В стволе саговника содержится ядовитое вещество циказин, которое является канцерогенным веществом* и вызывает мутации, например в клетках корешков лука.

---

* Канцерогенные вещества — это химические вещества, воздействие которых на организм при определенных условиях может вызвать рак.

Sansevieria Thunb.

САНСЕВИЕРИЯ

Сансевиерия (сансевьера) — травянистое многолетнее растение или полукустарник, принадлежит к семейству агавовых. Названо в честь неаполитанского князя Сансевьеро (Сан-Севиеро) Раймонда Сангро (1710—1771).

В роде около 12 видов, произрастающих в тропических районах Африки, на о. Мадагаскар и Аравийском полуострове, но родиной считается Шри-Ланка. В Африке из сансевиерии изготавливают веревки и грубые ткани, а крепкие колючки раньше использовали как граммофонные иголки.

В комнатной культуре широко распространена сансевьера трехполосая *(Sansevieria trifasciata Prain.)*. Еще ее называют щучий хвост, тещин язык, кукушкин хвост, леопардова лилия, язык дьявола, змеиное растение.

Это декоративнолиственное растение имеет ползучее толстое корневище и прямостоячие, жесткие, темно-зеленые с поперечными полоска-

ми листья. Верхушка листьев с заостренным колпачком.

Цветки мелкие, белые или зеленые, душистые, собраны в кистевидные соцветия, располагающиеся на длинной стрелке. Плод — ягода.

Сансевьера хорошо переносит любую комнатную температуру и сухость воздуха, теневынослива, но цветет только на солнечных подоконниках. Полив умеренный как зимой, так и летом.

Лучше растет при умеренной температуре, однако зимой она не должна опускаться ниже 15°С.

Любит частое рыхление земли и опрыскивание водой комнатной температуры. Раз в месяц проводят подкормку удобрениями для кактусов.

Размножают сансевьеру делением растения на части, чаще всего корневища, имеющего почки, или листовыми черенками. Срез черенка присыпают древесным углем и слегка подвяливают. Укоренять черенки лучше в субстрате из равных частей торфа и песка. После появления свежих листьев пересадить. Для молодых растений предпочтительна почвенная смесь листовой земли, перегноя и песка (1:1:2). Во время роста желательна подкормка навозной жижей и минеральным удобрением. Каждую весну молодые растения следует пересаживать в емкость большего размера. Для сансевьеры лучше подходят широкие, неглубокие горшки.

Сансевиерия является фитонцидным растением: уменьшает содержание в воздухе таких вредных веществ, как бензол и трихлорэтилен, сокращает количество патогенных микроорганизмов. Кроме того, все растение обладает лекарственными свойствами.

◆ В Африке корни и листья используют при венерических заболеваниях, конвульсиях, общей слабости и бессилии, как обезболивающее.

- Отвар из всего растения применяют против зуда и чесотки, при язвах.
- Корни используют как стимулирующее и тонизирующее средство.

Средство от головной боли

Листья сансевьеры крупно режут и располагают горкой на небольшой железной решеточке над огнем. Дым от сгорающих листьев растения снимает головную боль.

Средство при боли в ушах

Берут лист сансевьеры, мелко толкут, отжимают сок и теплым закапывают в уши по 2—3 капли. Через некоторое время боль проходит или притупляется.

Лечение поверхностных ран и язв

Кашицу из перетертых листьев накладывают на язвы и раны и забинтовывают. Повязку меняют 2—3 раза в день.

Tradescantia

ТРАДЕСКАНЦИЯ

Традесканция — род многолетних трав семейства коммелиновых. Произрастает в субтропиках и тропиках Америки. Существует около 90 разновидностей этого растения. В Европе традесканция появилась в начале XVII века, а родина ее — Южная Америка.

Названо растение в честь английского ботаника Джона Традесканта. Народное прозвище «бабьи сплетни» традесканция получила за свои многочисленные, густо переплетающиеся между собой ветви.

В комнатных условиях разводится как ампельное растение. Идеальна для озеленения стен.

Листья растения многочисленные, длинные, узкие, зачастую красиво окрашенные, с трубчатым влагалищем, охватывают ползучие или свисающие стебли, от которых отходит множество усов с маленькими зелеными кустиками. Иногда образуются цветки, но они недолговечны и малодекоративны.

Наиболее известна традесканция приречная *(Tradescantia fluminensis)* с заостренными, темно-зелеными сверху и пурпурными снизу листьями длиной 5—10 см.

Не менее популярна пестролистная традесканция белоцветковая *(Tradescantia albiflora)* с блестящими заостренными листьями длиной 5 см. Окраска листьев зависит от сорта: они могут быть зелеными с белыми полосками и каймой или же с белыми и розовато-лиловыми полосками.

Традесканция Боссфельда *(Tradescantia blossfeldiana)* отличается несколько округлыми, опушенными листьями длиной 8 см.

Традесканция – очень неприхотливое растение. Она любит свет, поэтому лучше поместить ее ближе к окну. При недостатке освещения у нее вытягиваются стебли, а пестролистные сорта могут стать цельнозелеными. Однако в то же время традесканция не переносит яркого солнечного света и ее следует оберегать от прямых полуденных лучей.

Так как это тропическое растение, то полив должен быть с весны до осени обильным, зимой – ограниченным. Время от времени следует опрыскивать листья.

Для традесканции годится обычная комнатная температура, главное, чтобы она не опускалась ниже 7°С.

Подкормка традесканции производится в период активного роста органическими или обычными комплексными удобрениями для комнатных растений. Концы побегов рекомендуется прищипывать для увеличения кустистости.

Пересаживают традесканцию при необходимости весной.

Размножается весной—летом стеблевыми черенками, которые легко и быстро укореняются.

Традесканция очищает воздух от пыли и гармонизирует энергетику. Это очень чувствительное растение. А поскольку она сверхнеприхотлива, то ее чахлый вид, пожелтение листьев, скорее всего, сигнализируют о накопившейся в доме отрицательной энергии или повышенном радиационном фоне.

В качестве витаминной добавки традесканцию любят пожевать домашние животные – кошки, собаки, птицы. Традесканция используется при изготовлении гомеопатических лекарственных препаратов. Она активно применяется при лечении желудочно-кишечных заболеваний, простуды, ангины. Традесканция обладает кровеостанавливающим свойством, оказывает обеззараживающее, ранозаживляющее действие, способствует быстрому рассасыванию гематом. Сок традесканции, втираемый в десна, помогает избавиться от пародонтоза.

При ранах и порезах

Взять свежий лист традесканции и приложить его к порезу, ране или гематоме, перевязать бинтом. Повязку периодически менять.

Лечение диареи при желудочно-кишечных инфекциях

♦ 1/3 граненого стакана заполнить измельченными листьями и стеблями традесканции. Затем стакан доверху наполнить водкой, перелить в стеклянную бутылку, плотно укупорить и настаивать в холодильнике 3 недели. Настойку процедить через тройной слой марли и хранить в той же бутылке.

Принимать по 50 мл настойки, разбавленной 50 мл воды, через каждые 2 часа перед едой (6—8 раз в день).

♦ 50 г листьев и стеблей растения залить 1,5 л кипятка, довести до кипения и уменьшить огонь. После этого кипятить еще 2 минуты, снять с огня и настаивать 2 часа.

Приготовленный отвар влить в кружку Эсмарха и сделать клизму. При остром течении болезни процедуру следует повторять 2—3 раза в день.

Trachycarpus H. Wendl.
ТРАХИКАРПУС

Трахикарпус относится к семейству пальм, растущих в субтропических районах Юго-Восточной Азии. Название растения происходит от греческих слов «trachys» — грубый, твердый, шершавый и «karpos» — плод и связано со свойством плода. В роде 8 видов.

В комнатных условиях обычно разводят трахикарпус Форчуна *(Trachycarpus fortunei (Hook.) H. Wendl.)* или веерную китайскую пальму. Это дерево до 12 м высотой. Родина — влажные субтропические леса Японии и Китая.

Листья растения густо расположены на вершине ствола, веерные, расчленены на черешок и пластину, рассеченную на сегменты.

С возрастом образуется опутанный волокнами ствол. Цветки желтые, слабоароматные, собраны в кистевидные соцветия.

Трахикарпус прекрасно растет в комнатных условиях. Это светолюбивая пальма, но ее необходимо защищать от прямых солнечных лу-

чей, особенно при опрыскивании. Растение не любит сквозняк и холодный воздух. Поливать необходимо водой 25—30°С. Лучшая температура для роста — 16—20°С.

Листья необходимо периодически протирать ватой, смоченной теплой водой, и обмахивать мягкой кисточкой от пыли. Зимой трахикарпус поливают умеренно и содержат при температуре 6—8°С, но при условии хорошего освещения можно содержать и при температуре 16—18°С.

Размножают пальму семенами, высеивая их на глубину 2—3 см в смесь, состоящую из равных частей песка, мха и прокипяченных опилок. Для прорастания необходима температура 25—30°С и хороший дренаж.

Семена появляются из земли к концу второго месяца, а если до этого долго хранились, то через год. Сеянцы затем рассаживают по одному в горшок, наполовину заполненный почвенной смесью, состоящей из равных частей легкой дерновой, перегнойной, листовой земли и песка.

Когда сеянец образует развитую корневую систему, почву добавляют до нормального уровня, при этом объем дерновой части земли увеличивают в 2 раза.

Химический состав трахикарпуса малоизучен. В семенной кожуре, например, содержится 31% углеводов.

- Зола из всего растения используется в качестве кровоостанавливающего средства при носовых кровотечениях, других кровянистых выделениях, ациклических маточных кровотечениях и венерических заболеваниях.
- В восточной медицине отвары корня и плодов рекомендуют в качестве контрацептива.

Thuja L.

ТУЯ

Туя — род вечнозеленых деревьев и кустарников семейства кипарисовых.

В переводе с латинского туя означает «жизнь», поэтому ее часто называют деревом жизни. Так назвал это растение в XVI в. один из французских королей, что и отразил в названии шведский биолог Карл Линней.

Родиной туи считаются Китай и Корея. В природе некоторые деревья достигают 20 м высоты, а возраст некоторых экземпляров — около 1000 лет.

Как декоративное дерево туя была завезена в Среднюю Азию, а теперь широко распространена в Крыму, на Кавказе и Украине. Наиболее широко известны туя западная *(Thuja occidentalis L.)* и туя восточная *(Thuja orientalis L.)*.

В комнатном цветоводстве в основном предпочитают последнюю. Известно около 60 форм туи восточной, отличающихся формой кроны, окраской листьев и строением побегов. Но любимыми среди цветоводов являются формы с

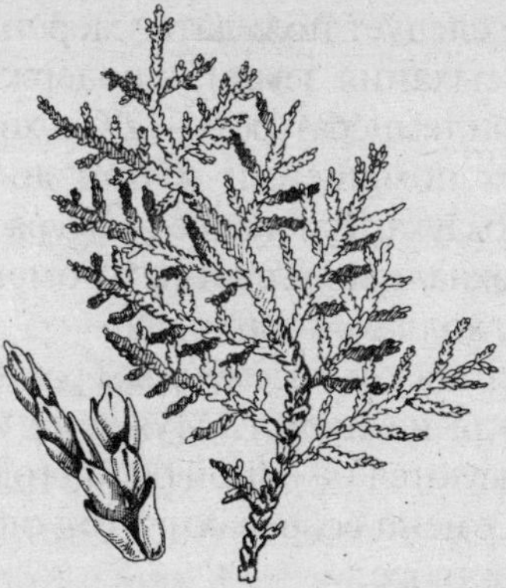

серебристо-пестрыми и золотисто-пестрыми листьями.

У молодой туи листья игольчатые, что указывает на ее родство с хвойными растениями, но по мере роста игольчатые листья заменяются на чешуйчатые, мелкие, супротивные и прижатые к стеблю. Листья расположены на побегах в одной плоскости.

Туя — довольно теневыносливое растение, не любит прямых солнечных лучей, хорошо растет при ярком рассеянном освещении и предпочитает влажные торфяные почвы.

Зимой ее следует поливать умеренно, не допуская пересыхания земли, а содержать растение лучше при температуре 6—12°С в хорошо проветриваемом помещении и при достаточной влажности воздуха. Туя лучше всего растет в просторных прохладных и светлых помещениях — вестибюлях, холлах, коридорах.

Туя относится к голосеменным растениям, поэтому никогда не цветет. Мужские и женские шишки образуются на одной особи (однодомное растение). Семена созревают в год опыления в сентябре — октябре.

Всхожесть семян хорошая, поэтому тую в основном размножают весной семенами, но при этом нельзя гарантировать сохранение форм с различной окраской. Для сохранения окраски используют черенкование, которое проводят в июле — августе.

Хвоя и древесина туи содержат эфирное масло желтого цвета с приятным ароматом, а также дубильные вещества, смолы и другие полезные вещества.

- Туя является фитонцидным растением. Для очищения воздуха одной комнаты достаточно иметь тую размером 50 см.

• Спиртовой экстракт хвои туи полезно распылять в квартире при гриппе и острых респираторных заболеваниях.

• Молодые побеги используют как вяжущее, кровоостанавливающее средство, при кровохарканье, кишечных и маточных кровотечениях.

• Семена туи принимают внутрь как укрепляющее и тонизирующее средство, а также как отхаркивающее при бронхите и бронхиальной астме.

Настойка из свежих листьев туи

Свежие листья туи в виде 10%-ной настойки на 40° спирте или водке используют для втирания и примочек *при красной волчанке*, т. к. туя обладает фотозащитными свойствами. Это же средство применяют наружно и при разного рода *дерматитах.*

400 г свежей хвои заливают смесью из 100 мл спирта или водки и 900 мл воды. Плотно закрывают и настаивают в прохладном месте 2 недели. Затем настойку процеживают и хранят в темных сосудах.

При красной волчанке перед каждым выходом на улицу настойкой протирают пораженные части.

Настой из молодых побегов туи

Побеги туи собирают в мае — июне, сушат при температуре 35°С.

Настой готовят из расчета 20 г сухой хвои (или 40 г свежей) на 1 л горячей воды. Настаивают под крышкой 10 минут, процеживают.

Принимают горячим 3 раза в день по 1 стакану.

Настой принимают *при камнях в почках, печени* и вообще *при болезнях печени, почек, мочевого пузыря, при подагре, ревматизме* и *водянке.*

Средство против бородавок

250 г вазелина расплавляют в миске на водяной бане, добавляют 100 г мелкоизрубленной свежей зелени туи и нагревают около 2 часов. Полученную смесь горячей пропускают через марлю, а марлю хорошо отжимают. Затем процеженную смесь быстро разливают по баночкам. Полученной мазью как можно чаще смазывают бородавки.

Мазь является также хорошим антисептическим средством и эффективна *при местных грибковых и вирусных инфекциях.*

В н и м а н и е! Препараты из туи не применяют при беременности.

Fatsia Decne. et Planch.

ФАТСИЯ

Фатсия — вечнозеленое неразветвленное дерево до 4 м высотой, растущее на морском побережье Японии, где ее называют «фатси». Относится к семейству аралиевых, поэтому иногда ее неправильно именуют аралией. Род содержит 1 вид — фатсия японская *(Fatsia japonica (Thunb.) Decne. et Planch.)*. Это растение широко культивируется во многих тропических и субтропических странах.

Ценится как быстрорастущее декоративнолиственное растение. В комнатных условиях растение представляет собой кустарник или небольшое деревце с крупными ярко-зелеными, пальчаторассеченными листьями. Цветет редко. Цветки мелкие, зеленовато-белые, собраны в верхушечные зонтиковидные соцветия. Садовые формы фатсии японской отличаются окраской листьев: с белой или желтой каймой.

Фатсия — светолюбива, но теневынослива. Обязателен хороший дренаж, т. к. от избытка влаги она сбрасывает листья. Зимняя темпе-

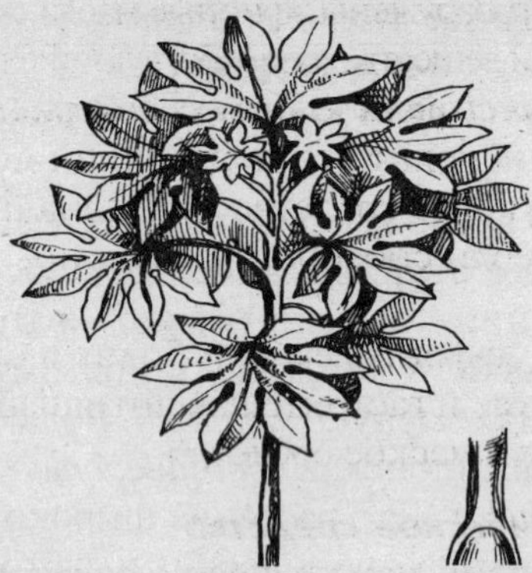

ратура не должна превышать 13°C. Летом во время активного роста рекомендуется подкармливать растение каждые 2—3 недели, чередуя минеральные и органические удобрения. Для формирования разветвленных кустов необходима прищипка верхних побегов у молодых растений.

Размножают фатсию семенами и верхушечными черенками. Семена высеивают в конце февраля на глубину 1 см в смесь дерновой, листовой, перегнойной почвы и песка (2:2:2:1). Черенкуют фатсию в марте—апреле, укореняя на глубину 2—3 см в песок, насыпанный на вышеуказанную смесь. Черенки опрыскивают теплой водой.

В фатсии обаружены эфирные масла, жиры, сапонины и вещества, способствующие повышению иммунных свойств человеческого организма.

- Фатсия используется в народной медицине как тонизирующее средство и как анальгетик.
- Кора стебля способствует слюно- и мочеотделению.
- Корень эффективен при болях в суставах, при ревматизме и гастрите как антидиабетическое и антисептическое средство.

Антисептическое средство

1 лист фатсии измельчают и заваривают в 500 мл горячей воды, настаивают 10 минут, процеживают, охлаждают и хранят в холодильнике. Используют как антисептик, протирая свежие раны и порезы. Этот же настой разбавляют наполовину водой и заливают в формочки для льда. Используют, как хорошее *тонизирующее средство*, протирая каждое утро лицо.

Средство при ревматизме

10 г измельченного сушеного корня фатсии заливают 1 стаканом воды и настаивают под крышкой в течение 20 минут. Затем процеживают и применяют в виде компрессов на больные суставы.

Feijoa Berg.

ФЕЙХОА

Фейхоа, или акка — небольшое дерево из семейства миртовых. Названо в честь бразильского ботаника Фейхо де Сильва. Род насчитывает 6 видов. Распространены в субтропиках Южной Америки.

В комнатном цветоводстве известен один вид: акка Фейхоа *(Acca sellowiana (Berg) Burret.)*.

Фейхоа — вечнозеленое растение с супротивными, овальными (почти круглыми), кожистыми листьями до 6 см длиной, сверху зелеными, снизу серебристыми.

Цветки одиночные или собраны по несколько в пазушные соцветия, на длинных цветоножках. Лепестки снаружи белые, а внутри малиново-красные. Лепестки сладкие, съедобные. Плод — грушевидная или округлая ягода, покрытая сизым восковым налетом, съедобная. По вкусу — нечто среднее между ананасом и земляникой.

Фейхоа хорошо растет в комнате компактным кустом. Летом растению требуется

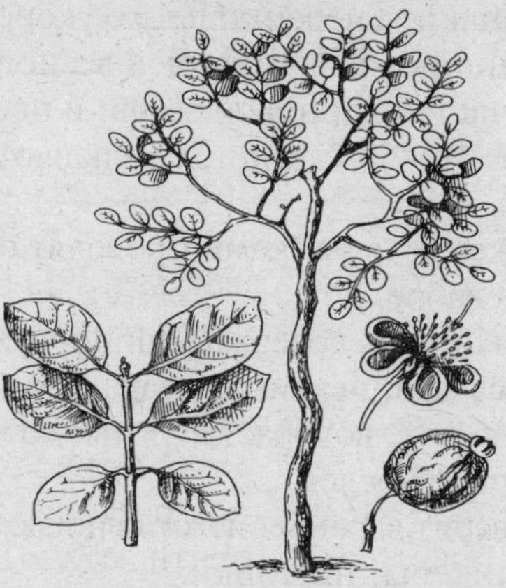

обильный полив, опрыскивание и подкормка минеральными удобрениями в сочетании с поливом навозной жижей. Зимой растение содержат при температуре 10—12°С и умеренном поливе.

В комнатных условиях цветет обильно, но для получения плодов необходимо искусственное опыление кисточкой.

Размножают фейхоа семенами, черенками и отводками. Надо отметить, что при использовании семенного метода растение не сохраняет сортовые признаки, а черенки плохо укореняются. Посев семян производят ранней весной в смесь из равных частей дерновой земли и песка. При температуре 19—20°С сеянцы появляются через 20—30 дней.

Размножение черенками проводят обычно в ноябре — декабре.

Плоды фейхоа содержат органические кислоты, сахара, пектиновые вещества, аскорбиновую кислоту, водорастворимые соединения йода и эфирное масло.

Из них варят варенье, изготавливают компоты, желе, ликеры, настойки.

• Плоды фейхоа имеют диетическое значение.

• Плоды применяют для профилактики и на первых стадиях заболевания щитовидной железы.

• Полезно потребление плодов при атеросклерозе и для его предупреждения.

• Плоды употребляют при воспалительных заболеваниях желудочно-кишечного тракта, гипацидных гастритах и пиелонефритах.

♦ Эфирное масло ягод обладает противовоспалительными свойствами и используется при лечении кожных заболеваний.

Средство для снижения холестерина в крови

Ягоды фейхоа в свежем виде или в виде свежеприготовленного сока с мякотью употребляют в количестве 50—100 г в день до еды.

Это лечебное средство также применяют *при атеросклерозе*, *гипертонии* и *заболевании щитовидной железы.*

Ficus L.
ФИКУС

Фикус включает до 900 видов вечнозеленых, реже — листопадных деревьев и кустарников, а также лиан. Принадлежит к семейству тутовых. Название «фикус» происходит от древнегреческого наименования одного из видов, а именно инжира, называемого также смоковницей или фиговым деревом.

Фикусы распространены в тропических и субтропических странах. Среди них имеются плодовые культуры, однако это преимущественно декоративнолистные растения.

Чаще всего выращивают фикус каучуконосный, или упругий *(Ficus elastica Roxb. ex Horn)*. Это вечнозеленое дерево, которое способно достичь 20—25 м. Листья большие, эллиптические, кожистые, темно-зеленые, блестящие. Также популярен фикус бенгальский *(Ficus benghalensis)* с листьями длиной 20 см с желтоватыми жилками. Высокодекоративным видом считается фикус лировидный *(Ficus lyrata, Ficus pandurata)* с широкояйцевидными, рассеченными, до 50 см дли-

ной и 10—15 см шириной, темно-зелеными со светлыми жилками листьями. В последнее время приобретает популярность фикус Бенджамина *(Ficus benjamina, Ficus nitida)* с разветвленными свисающими тонкими ветвями, образующими воздушные корни. Листья овально-яйцевидные, мелкие, плотные, почти кожистые, округлые у основания. Кончик каждого листа оттянут и образует «капельницу» для стекания воды. Довольно редко в комнатной культуре встречается фикус священный *(Ficus religiosa, Ficus lingua)* с сердцевидными кожистыми листьями. Существуют и пестролистные разновидности: фикус каучуконосный и фикус Бенджамина сорта

«Variegata», а также низкорослые ампельные фикусы — укореняющийся *(F. radicans)* и карликовый *(F. pumila)*. Последний наиболее популярен и представляет собой стелющийся кустарник с очень тонкими ползучими стеблями и сердцевидными листьями длиной 3 см.

Фикусы — светолюбивые растения. Уход за ними заключается в поливе, опрыскивании, подкормке и притенении растений в яркие солнечные дни.

Если температура в комнате 22—24°С, поливать фикус следует каждый день. Земляной ком не должен пересыхать, но при этом нужно опасаться переувлажнения. Листья рекомендуется обтирать влажной тряпочкой 3—4 раза в день. Зимой оптимальная температура для фикуса — 18°С.

Фикус быстро растет, поэтому требует много питательных веществ. С марта по октябрь его рекомендуется подкармливать любым раствором смеси минеральных солей: аммиачной селитры — 0,2 г, калийной соли — 0,1 г, суперфосфата — 0,3 г, растворенных в 1 л воды. Можно также использовать раствор коровяка или птичьего помета.

Молодые растения пересаживают ежегодно, старше 4—5 лет — раз в 2 года. Оптимальная почвенная смесь: торфяная, листовая, дерновая земля и песок, взятые в равных частях.

Размножается фикус в основном зелеными активно растущими черенками. От верхушек или боковых побегов прямо под почкой срезают черенок длиной 7—8 см. Помещают его в почвенную смесь из песка и торфа (5:1) на $^1/_3$ длины, регулярно опрыскивают и поддерживают легкую влажность почвы. После укоренения черенки высаживают в горшки. Оптимальная почвенная смесь:взятые в равных частях дерновая, листовая земля, перегной и песок. Пока растение не сформировалось, его лучше поставить в затененное место без сквозняков.

Что касается лечебных свойств, то точно установить их не удалось.

Фикус — великолепный воздухоочиститель. Вредные вещества, содержащиеся в воздухе (бензол, трихлорэтилен, фенолы), он поглащает через устьица листьев и с помощью специальных ферментов превращает их в аминокислоты и сахара. Считается, что фикус положительно влияет на энергетический баланс: снимает раздражительность, гасит агрессию, передает человеку свое состояние покоя, уравновешенности, ощущение стабильности.

Fortunella Swingle.

ФОРТУНЕЛЛА

Фортунелла, или кинкан, или кумкват — карликовое дерево из семейства рутовых. Родина — Южная Азия. В род входит 6 видов.

В комнатных условиях выращивают фортунеллу японскую *(Fortunella japonica (Thunb.) Swingle., Citrus japonica Thunb.)* и фортунеллу овальную, или золотой апельсин *(Fortunella margarita Swingle.)*.

Фортунелла — вечнозеленое, низкорослое дерево, имеющее кустовидную форму. Побеги сплюснутые, трехгранные, с короткими колючками. Листья до 8 см длиной просвечивают эфирными железками. Белые цветки — пазушные. Плоды около 2 см в диаметре со съедобной кожурой и кислой мякотью.

Растение любит влажный воздух, опрыскивание и регулярный полив теплой водой. В зимний период полив необходимо сократить, но вода опять-таки должна быть теплой. Размножение обычно производят семенами, черенкованием и прививкой. Более подробно об этом можно узнать в главе «Цитрусовые». Фортунеллу часто

используют для гибридизации. Известны гибриды с лимоном и другими цитрусовыми.

Известны целебные качества фортунеллы японской. В медицинских целях используется все растение. Плоды едят целиком — с кожурой, но чаще готовят из них желе, мармелад, напитки. Они богаты пектиновыми веществами и отличаются повышенным содержанием меди.

◆ Все части растения применяют как противовоспалительное, тонизирующее, стимулирующее, антиалкогольное, дезодорирующее и ветрогонное средства.

Hoya R. Br.

ХОЙЯ

Хойя относится к семейству ластовневых, распространена в Южном Китае, Индии, на островах Тихого океана, в Австралии. Растение названо в честь английского садовода Томаса Хойя. Род насчитывает около 200 видов.

В комнатных условиях чаще всего выращивают хойю мясистую, или восковой плющ *(Hoya carnosa (L.) R. Br.)* и хойю прекрасную *(Hoya bella Hook.)*.

Хойя мясистая (на рисунке) — это вьющаяся лиана родом из северо-восточной Австралии. Листья на коротких черешках, супротивные, мясистые, яйцевидные или овальные.

Цветет с мая по сентябрь. Цветки очень красивы и оригинальны. Они многочисленны и собраны в пазушные соцветия, с приятным ароматом, белые с розовой коронкой. Имеются декоративные формы с различной окраской листьев.

Хойя прекрасная — миниатюрное кустовидное растение. Цветки белые с красно-фиолетовой коронкой. Произрастает в Мьянме.

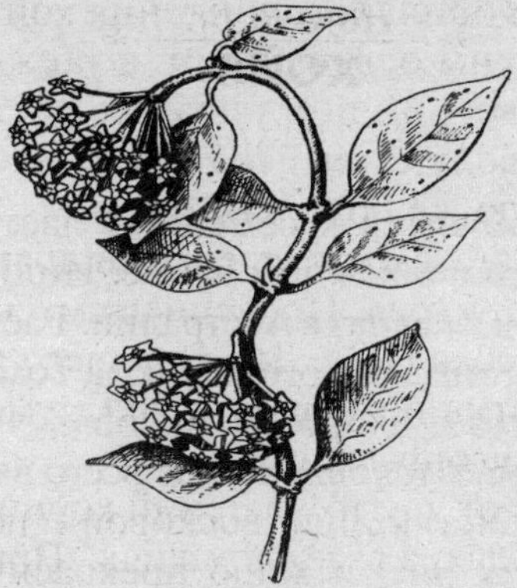

Хойю используют одновременно как лиственно-декоративное и цветочно-декоративное растение.

Хойя хорошо растет в комнатах, отлично переносит сухость воздуха, светолюбива. Летом для лучшего роста необходим обильный полив и регулярное удобрение жидкими минеральными солями (по 1 г каждого элемента на 1 л воды).

После цветения старые цветоносы не удаляют, т. к. на следующий год на них вновь появляются цветки. Зимой растение предпочитает пониженные температуры — 12—14°С. Необходимо позаботиться об опоре для быстрорастущих побегов.

Особенно обильного цветения хойи можно добиться ярким освещением, а также стимуляцией его: весной погрузить все растение на 30 минут в воду с температурой 35°C, а ком земли в такую же воду на 2 часа.

Хойя размножается черенками практически в течение всего года. Почвенная смесь состоит из торфа и песка (2:1). Для хорошего укоренения необходима температура 20°C, умеренный полив и частое опрыскивание.

В отличие от других растений корни появляются не на узлах, а в междоузлиях. При соблюдении условий укоренение происходит через 3—4 недели. Молодые растения пересаживают ежегодно, старые — 1 раз в 3—4 года.

Хорошо изучен химический состав листьев хойи. В лечебных целях их используют для ускорения созревания фурункулов и карбункулов.

Средство при фурункулах и карбункулах

Лист хойи измельчают, накладывают на больное место и прикрепляют пластырем. Меняют через каждые 2—3 часа. Этот способ считается наиболее быстрым.

Cyclamen L

ЦИКЛАМЕН

Цикламен — род многолетних трав семейства первоцветных. Род объединяет около 55 видов. В культуре с 1730 г. Широко распространен в Центральной и Южной Европе, Средиземноморье, Малой Азии, Крыму, на Кавказе. Родина — Восточное Средиземноморье.

Название рода происходит от греческого «kyklos» — окружный, круг и связано с формой клубней этого растения.

В комнатном цветоводстве распространены цикламен европейский *(Cyclamen europaeum L.)*, или европейская фиалка, и цикламен персидский *(Cyclamen persicum Mill)*, или дряква. В культуре известно множество их садовых форм, различающихся величиной, формой цветков и окраской: от ярко-синей до почти черной.

Цикламен персидский имеет крупный дискообразный, уплотненный, сверху бугристый клубень до 15 см в диаметре. От его верхней части отходят длинночерешковые листья диаметром

5—8 см, округлой, овальной или сердцевидной формы с гладкой зеленой поверхностью или с рисунком — серебристой каймой, разводами или полосами. Края листа зубчатые. Цветки крупные, до 5 см, ароматные, лепестки продолговато-ланцетные, слегка закрученные, волановидные, ярко окрашенные — белые, розовые, иногда двухцветные — от розового до бледно-лилового с фиолетовыми пятнами в основании. Длина цветоноса около 20—30 см. Много сортов с махровыми формами.

У европейского цикламена клубни мелкие, находятся глубоко в земле. Листья мелкие цельнокрайние, округло-почковидной формы, с сердцевидным основанием.

Листовая пластинка снизу красновато-лиловая. Цветки мелкие, нежного сиреневато-розового цвета, с тонким ароматом. В культуре цикламен европейский не такой привередливый, как персидский.

Цикламены не переносят слишком высокой температуры, сухости воздуха, нехватки света и переувлажнения.

Рекомендуемая температура для их содержания в комнатных условиях — 12—16°С.

Перед периодом «расцвета» цикламены рекомендуется поставить между рамами или на остекленной веранде. Можно просто не утеплять окна, тем самым максимально приближая температуру на подоконнике к необходимой для цикламенов.

Цветущий цикламен должен стоять на очень светлом месте, защищенном от сквозняков, при этом его следует оберегать от прямых солнечных лучей. Следует регулярно опрыскивать воздух и листья, чтобы поддерживать высокую влажность, необходимую для хорошего самочувствия растения. Полив умеренный (не допуская переувлажнения).

Нельзя допускать, чтобы вода попадала на середину клубня, основания черешков листьев или бутоны. Рекомендуется поливать в поддон, через некоторое время сливая из него остатки. Можно поливать цикламен и по-другому — по мере пересыхания земляного кома помещать горшок на полчаса в глубокую емкость с водой. Для обильного цветения цикламена европейского можно рекомендовать следующий способ полива. На поддон со слоем песка или керамзита кладут 2 кубика льда один раз в 5 дней зимой и 6 кубиков льда в 3—5 дней летом.

Подкармливать цикламены следует раз в 2 недели комплексным удобрением.

Растение цветет всю зиму до весны. При увядании цветков и листьев цикламена их не следует вырезать ножницами или ножом, а нужно обломить у самого клубня, место слома обработать толченым древесным или активированным углем.

После цветения листья у цикламена постепенно начинают желтеть и засыхать — это наступил период покоя. Он длится приблизительно с конца апреля до начала августа. Цикламен персидский в отличие от европейского имеет ярче выраженный период покоя.

После цветения полив сокращают, не доводя земляной ком до полной пересушки. Затем у цикламена персидского наступает период покоя, горшок укладывают набок в прохладном месте и до середины лета не поливают. С началом роста листьев растение пересаживают в широкую посуду с хорошим дренажем. Для цикламена предпочтительна слабокислая земельная смесь: листовая земля, перегной, торф и песок (2—3:1:1:1).

Клубень сажают так, чтобы его верхняя часть на $^1/_3$ оставалась открытой. (Клубень цикламена европейского, в отличие от персидского, при посадке полностью засыпают землей.)

Пересаженные растения помещают в прохладное, хорошо освещенное место. Сначала поливают редко, до хорошего укоренения, когда листья разовьются. До начала цветения подкармливают комплексным минеральным удобрением: 1 г на литр воды.

Размножается цикламен в основном семенами. Для получения семян производят искусственное опыление. Предпочтительнее крупные семена двухлетней давности, которые необходимо хранить в темном месте. Сеют семена в конце января — феврале под стекло, заделка неглубокая. При прорастании сразу формируется клубенек. При температуре 22°С всходы появляются через месяц. Посевы желательно держать при температуре 20—22°С, ночью — 10—12°С.

При пикировке надо отбирать сеянцы с округлыми крупными клубеньками, их высаживают в горшки диаметром 7—9 см, в начале лета пересаживают в горшки диаметром 11—13 см. Для молодых растений вредна пересушка, поэтому их сравнительно часто поливают и опрыскивают.

Во время пикировок и до последней перевалки клубень должен полностью находиться в земле, а при последней пересадке — на $^1/_3$ над поверхностью. Такое положение клубня исключает его загнивание и способствует более равномерному развитию цветоносов. Зацветают сеянцы через 1,5—2 года.

Цикламены очень подвержены всякого рода болезням и вредителям: черной гнили, гниению клубня при застое воды, тле, паутинному клещу, серой гнили, мягкокожему клещу.

Древнейшие врачи использовали цикламен при ревматизме, гайморите, при укусах ядовитых змей.

- Цикламен обладает очищающими и рассасывающими свойствами. Помогает при головных болях, применяется как слабительное, потогонное и мочегонное средство. Считается, что цикламен можно использовать как противозачаточное (привязав его на шею или к руке).
- Корневище (клубни) цикламена способствует заживлению ран, устраняет потницу, очищает кожу и сводит веснушки. Отвар из корневища используют для лечения язв и астмы.
- Сок цикламена рассасывает затвердения, опухоль селезенки и нарывы, эффективен в виде капель при насморке. Лекарственные повязки с соком цикламена полезны при болях в суставах и подагре.

Смешанный с медом, он используется для лечения катаракты и ослаблении зрения, а с вином — как противоядие.

При депрессии, неврозах

- Одну чайную ложку измельченных корней цикламена залить 2 стаканами кипятка, настаивать 2—3 часа, процедить через марлю. Принимать по 1 столовой ложке 3 раза в день после еды. Перед употреблением настой подогреть до комнатной температуры.

Хранить в холодильнике не больше 2 дней.

- 10 г измельченных свежих клубней цикламена залить 100 г 70°-ного спирта и настаивать 5—7 дней в темном прохладном месте. Принимать по 30—40 капель 3 раза в день при неврастении.

Настойка цикламена улучшает состояние при нервных и психических болезнях, при общей психоэмоциональной возбудимости.

Citrus L.

ЦИТРУСЫ

Цитрусы — вечнозеленые деревья из семейства рутовых. Это всем давно известные лимоны, апельсины, мандарины, грейпфруты, а также лайм, цитрон, юнос, помпельмус, тангерин, кинкон и каланондин (гибрид кинкона и мандарина).

Первые упоминания о цитрусах мы находим в письменных источниках, относящихся к 200 г. до н. э. Предполагают, что название «цитрус» происходит от греческого «золотое дерево».

К роду относится около 50 видов. Родиной лимона считают тропическую Азию, апельсин родом из Гималаев, в тропиках и субтропиках Америки наиболее распространен грейпфрут.

В комнатах обычно выращивают лимон (*Citrus limon*) или сладкий (*Citrus sinensis*) и горький апельсин (померанец).

Лимон — небольшое деревце, часто с колючками, с продолговатыми кожистыми листьями, с ароматными белыми, пазушными цветками. Цветы могут появляться в любое время, но чаще с марта по август. Наилучшим для комнат считается сорт «Павловский».

Апельсин в комнатных условиях практически ничем не отличается от лимона.

Цитрусы любят солнечные места и очень чувствительны к перемене освещения, поэтому их не стоит переставлять с места на место.

Место под форточкой также не годится для этих растений, а вот комнатная температура может быть любой. Хотя зимой рекомендуется поддерживать температуру на уровне 15—18°С и регулярно проветривать помещение.

Летом для интенсивного роста необходимы обильный полив теплой водой, опрыскивание, обтирание листочков влажной тряпочкой и подкормка слабыми растворами минеральных удобрений. Цитрусы очень любят подкормку водой, в которой мыли мясо. При этом воду нужно предварительно процедить, чтобы кусочки мяса не попали в землю.

Зимой растения достаточно поливать 1 раз в неделю — переизбыток влаги может привести к опаданию листьев.

Для появления плодоносов необходима регулярная правильная подрезка кроны (срезают вер-

Лимон

хушку, оставляя 4—7 листьев) и своевременное обрезание так называемых «жировых» побегов, которые появляются в нижней части ствола у основания нижних ветвей.

Размножение цитрусовых производят черенкованием, воздушными отводками и прививкой. Семенным способом обычно размножают апельсин, поскольку черенки у него практически не укореняются.

Черенки срезают через узел, с молодых, но вызревших побегов длиной около 10 см с 4 почками. Их высаживают в прокаленный песок под стекло, полиэтиленовую пленку или банку и опрыскивают каждый день. При температуре не ниже 18°С корни появляются через 2—3 недели. Затем растение начинают подкармливать 0,25%-ным раствором калийной селитры и приучать к сухому воздуху, постепенно оставляя его без стекла и пленки.

Семена быстро теряют всхожесть, поэтому их сажают (на глубину 1—3 см) сразу после того, как вынули из плода. Необходимая земляная смесь состоит из равных частей песка и перегноя. Полив умеренный, но регулярный.

Всходы появляются через 1—1,5 месяца. При появлении 4—5 листочков сеянцы пересаживают в горшок. Растение, выращенное из семян, впервые зацветает через 8—10 лет, а начинает плодоносить через 15 лет.

Молодые растения пересаживают каждый год, взрослые 1 раз в 3 года. Наиболее подходящая для цитрусов земляная смесь состоит из дерна, листовой земли, перепревшего навозного перегноя и песка (2:2:2:1).

Целебные свойства цитрусовых известны с древних времен. Плоды отличаются высоким

Апельсин

содержанием лимонной кислоты и витамина С, а кожура богата эфирным маслом.

Лимон содержит до 7% лимонной кислоты, до 3% сахара, аскорбиновую кислоту, витамины А, В, D. В мякоти плода имеются пектиновые вещества, соли калия, меди и другие микроэлементы.

♦ Плоды и сок лимона применяют при гиповитаминозах С, В, заболеваниях желудочно-кишечного тракта, подагре, ревматизме, мочекаменной болезни, при ангинах, фарингитах и наружно — при грибковых заболеваниях.

• С косметической целью лимоны используют для удаления веснушек, пигментных пятен, для отдушки мазей.

• Плоды и сок сладкого апельсина используют при авитаминозах, при лечении язв и ран, заболеваниях желудочно-кишечного тракта, для возбуждения аппетита, при склонности к хроническим запорам.

• Апельсины содержат большое количество пектиновых веществ, которые способствуют опорожнению кишечника, снижая тем самым развитие гнилостных процессов и уменьшая количество всасываемых вредных для организма веществ.

• Плоды померанца используют как противорвотное, противокашлевое, потогонное, ветрогонное, отхаркивающее средство, как средство способствующее пищеварению, а также при болях в животе, расстройстве желудка, застойных явлениях в грудной полости, при выпадении прямой кишки, заболевании селезенки.

• Семена померанца применяют при потере аппетита, боли в груди, простуде, кашле, грыже, воспалении яичек, для сведения веснушек.

• Сок грейпфрута и плодовая мякоть оказывают тонизирующее действие, возбуждают аппетит и улучшают пищеварение, рекомендуются после физического и умственного переутомления, инфекционных болезней и операций, обладают антисклеротическими свойствами.

Внимание! Употребление апельсинов ограничивают при киперацидных гастритах и язвенной болезни желудка и двенадцатиперстной кишки.

Средство против веснушек

Семена померанца отваривают в течение 20 минут, затем процеживают и полученным отваром протирают веснушки утром и вечером.

Средство при судорогах ног

Утром и вечером соком свежего лимона смазывают подошвы ног. Ничем не вытирают. Одевают носки и обувь только после того, как сок высохнет. Курс лечения — 2 недели.

Средство против туберкулеза

6 свежих и целых с белой скорлупой яиц кладут в банку, заливают соком 10 лимонов, накрывают марлей и оборачивают темной бумагой.

Ставят в сухое, темное, прохладное (но не холодное место) и держат до растворения яичной скорлупы (5—6 дней). После этого подогревают 280 г меда до состояния текучести, остужают и добавляют его в общую смесь, затем вливают $^3/_4$ стакана коньяка. Полученное лекарство переливают в темную бутылку и хранят в темном, прохладном месте. Принимают по 1 столовой ложке 3 раза в день сразу после еды.

Смесь портится через 2—3 недели, поэтому, если лекарство осталось, его выбрасывают и готовят новое.

Средство против мозолей

Мозоль распаривают перед сном как можно дольше, досуха вытирают, прикладывают свежий срез лимона с кожурой и закрепляют бинтом. Через неделю мозоль сойдет полностью.

Это же средство применяют *для рассасывания опухолей.*

Средство при одышке

В сок 24 лимонов добавляют 400 г перетертого чеснока и настаивают 25 дней в баночке, прикрытой тряпочкой, затем фильтруют. Непосредственно перед употреблением смесь взбалтывают и размешивают 1 чайную ложку в 1/2 стакана теплого молока или кипятка. Принимают перед сном.

Через 10—14 дней исчезает одышка и чувство усталости, появляется хороший спокойный сон.

Внимание! Средство противопоказано при гиперацидных гастритах.

Средство при сердечно-сосудистой недостаточности

Сок 10 лимонов, сок 10 полных головок чеснока, 1 л меда смешивают, слегка подогревая.

Настаивают в течение 7 дней в стеклянной баночке, прикрытой тряпочкой. Принимают по 4 чайные ложки 1 раз в день, задерживая во рту и медленно рассасывая.

Это же средство прекрасно помогает *при истощении организма*.

Внимание! Средство противопоказано при гиперацидных гастритах.

Средство при невралгии

Ломтиком лимона или соком осторожно растереть больное место по ходу нерва. Боль через некоторое время должна утихнуть.

Средство при бронхитах

3 лимона кладут в кипяток на 10 минут, затем отжимают сок, добавляют в него 2 столовые ложки меда, 1 столовую ложку коньяка, 250 мл горячей воды.

Пьют горячим на ночь, лежа в постели. Курс лечения 3—6 дней.

Это же средство применяют и *при воспалении легких.*

Средство при простуде

В 1 стакан теплой кипяченой воды добавляют 1 столовую ложку меда и сок половины лимона. Пьют теплым на ночь.

Eriobotrya Lindl.

ЭРИОБОТРИЯ

Эриоботрия — небольшое вечнозеленое дерево или кустарник семейства розоцветных. Распространена в Восточной и Южной Азии. В род включено около 27 видов.

В комнатах разводят эриоботрию японскую *(Erio-botrya japonica (Thunb.) Lindl.),* которую еще называют японской мушмулой* или локвой. Считают, что ее родиной являются скалистые горные склоны Китая. В Европу растение попало из Японии, откуда и получило свое название.

Эриоботрия имеет густую лиственную крону, опушенные темно-зеленые, кожистые, крупные, ланцетные листья. Кистеобразные соцветия тоже опушены и состоят из множества ароматных белых или кремовых цветков. Цветки обоеполые и частично самоопыляются, но при искусственном опылении повышается вероятность завязывания плодов. Цветет обычно с октября по

*Под наименованием «мушмула» известен еще один род из семейства розоцветных — плодовое растение рода *Mespilus;* в комнатах не культивируется.

январь. Плоды — съедобные кисло-сладкие, овальной формы, мясистые, до 8 см в длину и до 4 см в ширину, собраны в кистевидные соплодия по 8—12 штук. Появляются в мае и дозревают к августу. В каждом из плодов от одного до трех крупных гладких семян.

Комнатные условия являются идеальной средой для эриоботрии. Чтобы растение хорошо цвело, необходимо зимой поддерживать температуру не менее 18°С, опрыскивать и умеренно поливать теплой водой, а также подкармливать минеральными растворами. Летом эриоботрия любит свежий воздух.

Растение размножают семенами и черенкованием. Черенки длиной около 15 см срезают осенью. Они укореняются в песке приблизительно через месяц при температуре 20°С и опрыскивании.

Семена высевают по одному в небольшие горшки. В смеси дерновой и листовой земли, взятых в равных частях, они дают всходы через 10—14 дней.

Молодые растения пересаживают ежегодно, а взрослые — раз в 3 года, однако полезно менять верхний слой почвы на смесь перегноя с органическими удобрениями.

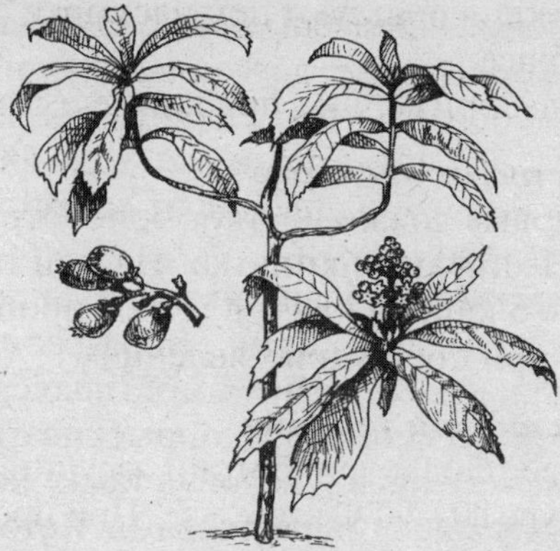

Хорошо изучены плоды эриоботрии, они ценны высоким содержанием кальция, фосфора, железа, натрия, магния, аскорбиновой кислоты и прочими элементами. Листья этого растения тоже применяют в лечебных целях.

♦ Листья эриоботрии используют при кашле, бронхите, коклюше, лихорадочном состоянии, кровохарканье, тошноте, при болях в желудке и расстройстве мочеиспускания, наружно — при язвах, ранах и носовых кровотечениях.

- Цветки используют при насморке и как отхаркивающее.
- Плоды применяют при кашле и тошноте.

Средство от насморка

2 столовые ложки цветков эриоботрии заваривают 1 стаканом кипятка. Настой капают в нос по 3—5 капель 3 раза в день и прополаскивают рот при простудных явлениях.

Средство при тошноте

Спелые плоды эриоботрии засушивают при температуре 80—90°С в духовке. При проявлениях тошноты сушеные плоды заваривают из расчета 1 плод на 1 стакан и настаивают в течение 30 минут. Пьют небольшими порциями в течение дня.

Свежие плоды просто едят.

ПРИОБРЕТЕНИЕ КОМНАТНЫХ РАСТЕНИЙ

Комнатные растения можно приобретать в принципе в любое время года, но вероятность, что растению, купленному весной или летом, легче приспособиться к новым условиям, гораздо выше.

Все растения выращивают в теплицах и оранжереях, где тепло и влажно, и, попадая в наши комнаты, они переходят в более суровые условия. Поэтому рекомендуется покупать молодые растения. Они лучше растут и адаптируются .

При покупке необходимо хорошо осмотреть растение, чтобы не приобрести больное или зараженное вредителями. Признаками, говорящими о том, что растение покупать не следует, являются:

- неравномерная облиственность;
- вялость, пожелтение или деформация поверхности листьев;

- наличие пустот между стенкой горшка и земляным комом, а также зеленого налета снаружи горшка и на земле;
- проросшие через нижнее отверстие горшка корни.

При покупке цветущего растения следует выбирать цветок, у которого больше бутонов, чем раскрывшихся цветков.

Если вы покупаете *луковицы,* убедитесь, что они сухие, твердые, без гнили и вмятин.

Приобретая *семена,* обратите внимание на срок годности, а при покупке импортных семян выбирайте гибриды первого поколения (F_1).

В любое время года при переноске или перевозке растение необходимо упаковывать. Небольшие растения лучше заворачивать в бумагу вместе с горшком и кроной, чтобы защитить от сквозняков и повреждений листьев, стеблей и цветов.

При перевозке на машине цветок ставят в коробку и перевозят на руках, а большое растение помещают в ноги, охраняя его крону.

В зимний период упаковывать растение следует особенно тщательно: обернуть в несколько слоев бумаги и закрыть сверху. Если перевозка займет много времени, тогда необходимо дополнительно утеплить горшок и крону тонким войлоком.

Приобретенному растению необходим период акклиматизации, поэтому его ставят в теплое место, где нет прямых солнечных лучей и сквозняков, поливают умеренно.

Цветущие комнатные растения, приобретенные зимой, сразу ставят на постоянное, хорошо освещенное место.

АРАНЖИРОВКА КОМНАТНЫХ РАСТЕНИЙ

От размещения растений в квартире зависит и наше настроение, и самочувствие самих цветов.

Существует не так много основных правил расположения растений. В первую очередь, создавая зеленые уголки, необходимо руководствоваться собственным вкусом, но о законах гармонии тоже нельзя забывать.

Комнатные растения должны соответствовать окружающей обстановке — крупные помещают в большие комнаты в качестве отдельного элемента интерьера, а маленькие ставят на небольшие полочки, подставочки и подоконники.

Особо привлекательное растение может стоять обособленно от других, а скромное будет хорошим фоном или частью какой-то композиции из цветов. Рассмотрим несколько наиболее часто встречающихся способов размещения растений в комнатах.

Одиночное растение

При обдумывании, куда поставить большое одиночное растение, в первую очередь следует обратить внимание на емкость, в которую оно высажено, на место, где оно будет находиться, на фон и на освещенность. Большое растение уже само по себе фокусирует внимание. С этой целью его обычно и применяют: прикрывают пустые углы, делят комнату на части или визуально укорачивают длинные комнаты.

В таких случаях часто используют пальмы, папоротники, фикусы, цитрусы, фатсию. Если дать растению опору, то можно использовать многие лианы с крупными листьями: монстеру, пассифлору и филодендрон.

В качестве одиночного растения, привлекающего к себе внимание, располагают комнатные растения с большими пестрыми листьями: декоративнолистные бегонии или рео.

Некоторые обильно цветущие растения, луковичные растения с большими декоративными листьями, а также ампельные тоже хорошо смотрятся отдельно, но в подвесных корзинах или на высоких подставках.

Композиция из нескольких горшечных растений

Растения, просто собранные в группу, создают эффект большого пятна зелени.

Композиция из нескольких растений дает больший простор для фантазии. В этом случае не очень интересное растение с маленькими листьями может очень эффектно смотреться на фоне больших листьев другого, но тоже мало интересного растения. К тому же в этом случае легко спрятать недостатки: оголенный ствол, неровный рост и поврежденные листья.

Когда растения собраны вместе, их легче поливать. А обильная листва и большая поверхность почвы увеличивают так необходимую влажность.

При создании композиций следует строго придерживаться только одного правила: собранные вместе растения должны иметь одинаковые требования к освещенности и температуре воздуха.

Самая простая это ***горизонтальная композиция***: все горшки расположены на одной горизонтальной поверхности. В этом случае на задний план помещают более высокие растения либо растения с самыми крупными или темными листьями. Эти композиции могут содержать как чисто декоративные цветы, так и сочетание цветущих с декоративными.

Композиция из только цветущих растений менее предпочтительна, но и здесь можно добиться гармонии, расположив вместе растения одного вида, но с разными оттенками цветков.

Вертикальное расположение растений обычно очень удобно — не занимает много места. Для этого готовят вертикальную подставку с полочками, расположенными на разных уровнях. Находящиеся рядом растения должны либо сильно отличаться друг от друга, например, по форме листьев или по окраске цветов, либо плавно перетекать от одного к другому, например, увеличивая или уменьшая размер листьев.

Можно создать ***горизонтальную многоуровневую композицию,*** при которой высота растения варьируется подставками, в качестве которых хорошо использовать красивые однотипные кашпо разной высоты. Если в композиции используется цветущее растение, то его по мере отцветания можно заменить на другое.

В любой комнате и в любой композиции всегда хорошо смотрится обыкновенный коричневый глиняный горшок. Сегодня в любом цветочном магазине можно приобрести интересное кашпо и практически любого цвета пластмассовый горшок. Это поможет придать вашей композиции более законченный вид и гармонично вписать ее в интерьер квартиры.

Очень удобным и оригинальным способом создания композиции является ***поддон с камушками*** (галькой или керамзитом). Глубина его не должна превышать 3—5 см, а ширина — поверхности, на которую он установлен.

Поддон может быть сделан из любого водонепроницаемого материала. На дно насыпают около 2 см камушков, наливают воду так, чтобы она не была видна, и сверху ставят горшки с цветами.

Такое расположение растений очень удобно: увеличивается влажность воздуха, а избыток воды при поливе спокойно вытекает на поддон.

Любую композицию можно составить из однотипных растений, например кактусов или других суккулентов, папоротников, фиалок или орхидей. Такая композиция называется ***коллекцией.*** Главной ее задачей является обращение внимания на красоту и разнообразие видов одного растения.

Очень красивую композицию можно сделать на окне. При этом можно просто расставить растения по подоконнику, сделать дополнительные полочки на разных уровнях и еще добавить к ним спускающиеся сверху лианы. В этом случае стоит придерживаться трех основных правил:

- декорированное таким образом окно не должно быть единственным в комнате;
- не стоит завешивать растениями все окна сверху донизу;
- дополнительные полочки для размещения цветов не должны сильно выделяться, они могут быть светлыми, а лучше из прозрачного пластика.

Комнатный садик

Комнатный садик — это большая емкость, заполненная несколькими растениями. Они могут быть посажены непосредственно в эту емкость либо размещаться в стерильных горшках, спрятанных так, чтобы их не было видно. И хотя этот вид расположения растений в комнате пока не получил большого признания, надо отметить, что цветы лучше растут, если высажены гуртом в большую емкость, а не по отдельности (особенно это касается колеусов).

Емкость для садика может иметь любую форму и размер, самое главное, чтобы растениям не было тесно. Поскольку это будет не маленькая емкость, следует особое внимание уделить внешнему виду: приятный, гармонирующий с обстановкой цвет и декоративная форма.

Надо отметить, что сейчас в любом цветочном магазине существует большой выбор контейнеров для комнатных садиков, но можно с успехом использовать и любую старую посуду: миски, низкие кастрюли, тазики и даже самодельные деревянные ящики. Старую домашнюю утварь легко покрасить в необходимый цвет, обклеить (например, ракушками) или обнести деревянным заборчиком, а ящики обработать изнутри так, чтобы они стали водонепроницаемыми.

Выбрав емкость, можно приступить к высаживанию. На тонкий слой гальки, песка и торфа ставятся горшочки или размещаются растения, пространство между ними заполняется влажным торфом, и садик готов.

Растения комнатного садика удобнее закапывать в своих горшочках, чем высаживать прямо в землю. Это позволит их поворачивать, чтобы растения не наклонялись в одну сторону и равномерно развивались, или заменять цветы в садике, не повреждая корневой системы других растений.

Горшки при этом обязательно должны иметь дренажную основу. При таком подходе легко подбирать особенности земельной смеси для каждого растения индивидуально.

При создании садика следует учитывать композиционные моменты, используемые и в других случаях, когда растения собирают вместе.

Очень красиво и современно смотрится такая композиция, где фоном является стена чистого дерева, зеркало или зеркальные плитки.

Более высокая влажность и защищенность корней от резких температурных перепадов — это неоспоримые преимущества комнатных садиков, но существуют и опасности.

Теснота означает плохую вентиляцию, при заболевании одного растения существует опасность быстрого распространения инфекции на другие растения. Поэтому растения в комнатных садиках необходимо чаще, чем другие, подвергать осмотру, прищипывать, прореживать и своевременно удалять сухие и загнившие листья и цветки.

При высадке растений следует учитывать некоторые моменты:

- растения в центре емкости будут получать меньше света, чем растущие по краям;
- края горшочков не должны быть видны из торфа;
- торф необходимо поддерживать во влажном состоянии;
- слой торфа под горшками не должен быть достаточно большим, чтобы растения не пустили корни из своих емкостей;
- растения необходимо подбирать так, чтобы у них был приблизительно одинаковый температурный режим и полив.

При подборе растений для садика пригодятся следующие советы:

- лучше всего смотрится композиция из нескольких цветущих растений, высаженных на фоне декоративных;
- при выборе высоких растений стоит учесть, что для небольших композиций подходит сансевиерия, а для больших — пальма, драцена, фикус, монстера и филодендрон;
- использование лиан поможет смягчить резкие линии очертания контейнера, для этого подходят плющ, зебрина и карликовый фикус;
- хорошо смотрятся вместе разные по высоте растения.

Самый распространенный вид комнатного садика — это ***одиночная цветочница.*** Обычно это удлиненная емкость, расположенная на подоконнике, низко повешенных полочках и журнальных столиках.

Более декоративно смотрится ***сложная цветочница,*** которая изготавливается из нескольких комнатных садиков, собранных вместе. Для этого необходимо сколотить общую подставку для всех контейнеров, которая может иметь воздушный вид, вроде лесов у строящегося дома, а может представлять собой сплошной массив — сколоченные доски, оклеенные пластиком или картоном. Во втором случае щели между досками нужно зашпатлевать, затем покрасить подходящим цветом или наклеить обои, которыми оклеены стены в комнате.

Отделения, в которых будут располагаться садики следует разместить на разных уровнях.

Преимущества сложной цветочницы в том, что можно рядом выращивать растения, требующие разного ухода, например влаголюбивые растения и кактусы. В отделении, которое находится ближе к окну, можно расположить садик с более светолюбивыми или цветущими растениями. В самой высокой секции обычно располагают растения, которые служат постоянным фоном.

И, наконец, каждая отдельная секция может представлять собой коллекцию из одного вида растений, а может быть просто тщательно подобранным садиком.

Очень удобным видом комнатного садика является ***подвесная корзина,*** для которой часто используют такие виды растений, как зебрина, плющ, зигокактус, хойя и др.

При создании такого садика следует руководствоваться следующими правилами:

- при подвесной конструкции следует избегать лишнего веса, поэтому лучше пользоваться земельной смесью на основе торфа, а не землей;
- для облегчения полива подвесить садик не выше уровня глаз; если это не удалось — хорошо продумать систему, с помощью которой можно легко опускать растения;
- при подборе растений следует помнить, что воздух становится суше по мере увеличения высоты;
- следует учитывать, что при переливе вода может капать из емкости, поэтому садик не стоит размещать над электроприборами или надо использовать специальный пластиковый контейнер с двойным дном.

Существует очень интересный вид домашнего садика — ***зеленая стена,*** которую обычно используют для визуального разделения комнаты на две зоны и украшения слишком пустой стены.

В этом случае контейнером служит глубокий, длинный и неширокий ящик, который устанавливается прямо на пол. В ящик вставляются декоративные шесты до потолка или натягиваются веревки, прикрепленные также к потолку. Затем в контейнер заглубляются горшки с любыми вьющимися растениями, стебли которых направляются по шестам. Между ними, ближе к светлой стороне можно посадить немного цветущих растений. Следя за ростом побегов, вовремя направляя или обрезая новые, можно создать очень красивую композицию.

Зеленая стена всегда будет смотреться стильно, если использовать только один вид вьющегося растения.

В последнее время особенно модными стали ***ландшафтные композиции,*** которые представляют собой настоящий сад в миниатюре. Для него используют растения с крошечными листьями, различные мхи и лишайники. Для того чтобы придать вид ландшафта, прокладывают дорожки из мелких камушков, украшают садики маленькими фигурками: сельскими домиками и зверушками. Красиво смотрятся водоемчики, оформленные в виде озера или речушки с перекинутыми через них мостиками.

За такой композицией сложно ухаживать. Ее создание требует много времени, знаний, определенных способностей и подходит только действительно увлеченным комнатным цветоводством людям.

Для создания миниатюрных садиков обычно используются хавортия, молодило кровельное, очиток, ферокактус, а также медленно растущие и низкорослые кактусы и суккуленты.

Простейшим видом ландшафтной композиции, которую без труда могут сделать все, является ***коллекция кактусов.*** Для этого потребуется несколько видов кактусов, различающихся по высоте и периоду цветения, камни, от маленьких до крупных, немного песка для присыпки торфа сверху и ваша фантазия.

Еще одним интересным видом садика яв[illegible]ется сочетание срезанных цветов с высаженн[illegible]ми в землю. Эта композиция имеет название ***по[illegible] э-флёр***. При высаживании цветов в емкость посередине вкапывают пустой, лучше длинный и узкий сосуд, в который затем наливают воду и помещают срезанные цветы. Таким образом получается «зеленая» ваза. Чтобы вставляемые цветы не заваливались, на сосуд можно надеть крышечку с проделанными дырочками.

Преимущество этого способа в том, что довольно часто можно менять цветовую гамму за счет срезанных цветов.

Для выращивания особо нежных, экзотических растений, боящихся сквозняков, часто используют ***террариум*** — стеклянную емкость со съемной крышкой.

Для террариума не стоит выбирать цветущие, быстрорастущие цветы и кактусы. Самые подходящие растения — папоротник, рео, камнеломка, плющ, карликовый фикус. При условии, что террариум стоит на окне, в нем хорошо растут орхидеи и все растения, которые нуждаются в некотором количестве солнечных лучей и влажном воздухе.

Емкостью может служить аквариум любой формы, широкая бутыль и даже ваза. На дно сначала насыпают слой камушков толщиной 3—5 см, затем тонкий слой угля и толстый слой почвы, перемешанной с песком, и тщательно уминают. Верхний слой почвы лучше сделать с горками и впадинами.

Теперь можно приступить к высаживанию растений. Хорошо, если среди подобранных растений будет одно древовидное, а другое — стелющееся. Не стоит сажать растения близко друг к другу — оставьте место для их роста. Почву в террариуме можно украсить красивыми камнями разной величины. Теперь сад необходимо полить и закрыть.

Террариум — самый простой способ выращивания экзотических растений. Он не требует постоянного полива. Иногда, когда стекло запотевает, необходимо немного приоткрывать крышку.

РАЗМЕЩЕНИЕ РАСТЕНИЙ В КОМНАТАХ

Найти подходящее место для комнатного растения не такая простая задача. Первое, на что следует обратить внимание, это условия выращивания растения: количество тепла, света и пр. Второе, не менее важное условие — это наилучшее размещение растения с точки зрения гармонии с окружающей обстановкой.

Основные факторы, которые следует учитывать при выборе места, — это фон и освещение. Рассмотрим их.

Фон

Подбирая место для растений с большими темными, зелеными, кожистыми листьями можно особенно не стараться — подойдет практически любой фон, кроме темно-зеленого.

Наилучшим образом все без исключения растения смотрятся на стенах без узоров, а любой светлый пастельный тон может прекрасно подчеркнуть красоту декоративнолистных и цветущих яркими цветами растений.

На светлом тоне плохо смотрятся пестролистные экземпляры с многочисленными бледными цветками. Особенно не подходят в этом случае бледно-зеленые стены или обои с мелким и блеклым рисунком. Но однотонный темный тон прекрасно подчеркнет декоративность пестрых листьев.

Крупный рисунок обоев спрячет красоту мелколистных растений, поэтому их обычно размещают на фоне гладкой однотонной стены.

При вертикальном рисунке обоев будет прекрасно смотреться большое раскидистое растение, а длинное вытянутое вдоль полос создаст ощущение унылости.

Очень интересным фоном может служить зеркало. Удваивая количество зелени и цветов, композиция увеличивается в объеме.

При выборе фона самое главное — создать контраст по цвету и форме между стеной и комнатным растением.

Освещение

Свет является не только жизненно необходимым фактором роста растений, но и элементом создания композиции. Освещение может быть естественным и искусственным.

Искусственный свет, продуманно направленный на отдельное декоративное растение или являющийся частью композиции, иногда настолько оживляет ее, подчеркивает красоту листвы и добавляет такое неповторимое очарование аранжировке, что композиция становится произведением искусства.

Используя дополнительное освещение, нужно учитывать следующие моменты:

- растение не обязательно подсвечивать круглые сутки, достаточно только вечером;
- лампа должна находиться на таком расстоянии от растения, чтобы тепло от нее не нагревало листья.

Существует несколько стандартных способов подсветки растений для подчеркивания их декоративности.

Подсветка спереди, когда лампа устанавливается на полу спереди (или где-то ниже верхнего уровня горшка). При таком способе не только хорошо видна красота листьев, но и создается декоративная тень на стене позади растения.

Подсветка сзади не подсвечивает листву, а создает силуэт растения на фоне стены. Лампа устанавливается сзади на полу. Экспериментируя с интенсивностью света, можно добиться размытого, мягкого освещения стены или четкого светлого сектора — это зависит от вашего вкуса.

Направленный свет — это свет от лампы и нескольких ламп, закрепленных в потолке, на стене или мебели. В зависимости от угла падения света этот способ позволяет выделить отдельные части композиции или растушевать светом различные растения, собранные воедино.

Основные места расположения растений в комнате

Самое распространенное место расположения растений в комнатах — это ***подоконники.*** Нельзя сказать, что это оригинальный способ, но зато удобный как самим цветам, так и домашним садоводам.

Если на окне располагают одно растение, то оно не должно быть слишком маленьким. Высокое и длинное лучше не ставить посередине подоконника, а для кустистого средней величины размещение по центру — самое наилучшее.

Высокие растения с большим количеством светлых полос или пятен на листьях при постоянно просвечивающем сквозь них свете могут потерять свою привлекательность, поэтому надо выбирать те растения, у которых обилие света подчеркивает их декоративность.

Если окно большое и вас не волнует количество света, то над растениями можно красиво расположить висячее кашпо.

Южное окно летом необходимо притенять, например, легкой тюлевой занавеской, которая тоже может вносить свой колорит в композицию из цветов.

При размещении на подоконнике необходимо чаще проверять, не пересохла ли земля — солнце летом и батарея зимой способствуют частому поливу.

Размещение на полу. Пол — место для расположения крупных растений или композиций с крупными растениями. В этом случае обычно используют пальмы, крупные папоротники, а также большие лианы с крупными листьями.

Хорошо обдумайте, какое растение вы поставите на пол. Высокие и узкие растения зрительно поднимут потолки, а широкие — опустят.

Растения на полу могут заполнить пустое место в комнате, прикрыть не очень красивую мебель, а на фоне зеркала создать иллюзию зимнего сада.

Именно для растений, установленных на полу, чаще всего используют подсветку.

Следует иметь в виду, что емкость с растением может повредить ковер, поэтому под горшок следует подложить дощечку или пробковую пластину.

На стенах обычно размещают декоративноцветущие растения или лианы. Первыми оживляют пустую часть стены, а вторыми можно красиво оформить небольшие окна или зеркала.

На стены вешают небольшие плоские горшки, поэтому растения приходится чаще поливать. Но если растение подвешено высоко, то трудно определить, когда ему требуется полив. В этом случае небольшие горшки ставят в глубокие поддоны.

В последнее время стало модным некоторые комнатные цветы размещать ***на высоких краси-***

вых подставках, представляющих собой устойчивые шесты с горизонтальной полочкой на самом верху. При таком расположении обычно используют растения с длинными дугообразными раскидистыми ветвями. Их не ставят на подоконник — мешают ветви, на стене им неудобно, а на полу они не смотрятся.

Подставку можно стилизовать под мебель, но хорошо смотрится и простая деревянная или железная, на которой можно расположить и несколько растений.

Подвешивание к потолку — самый лучший способ размещения вьющихся растений: спадающим стеблям ничего не мешает расти. Емкость подвешивают к потолку или на кронштейн, приделанный к стене.

Растение должно быть хорошо развито и иметь большое количество густых ветвей, поскольку такая конструкция всегда привлекает внимание.

В первую очередь необходимо убедиться в надежности конструкции, затем выбрать прочный пластмассовый контейнер, желательно с двойным дном или сделать дренаж, облегчить землю в контейнере торфом.

Растение в подвесной корзине не должно висеть на месте прохода или на сквозняке.

Совсем не обязательно, чтобы в каждой комнате вашей квартиры были цветы. Самое популярное место — гостиная. Редко их располагают в спальне и почти никогда в ванной комнате, хотя интересно бы было поместить растение в совсем необычном для него месте.

Главная ошибка при размещении растений — когда мы считаем, что растения навсегда должны оставаться в том месте, которое мы для него однажды выбрали. Но это неправильно, некоторые цветущие растения нуждаются в прохладе зимой, поэтому их следует на этот период переместить в малоотапливаемое помещение или поставить между окнами. Растения, которые нуждаются в повышенной влажности воздуха, можно на время переставлять в ванную комнату или на кухню. Цветы из прихожей или других мало освещенных помещений переносят ближе к окнам, а потом опять возвращают на место.

Гостиная

Гостиная — комната, где обычно вся семья собирается и отдыхает, а также встречает гостей. Здесь всем должно быть уютно. Именно в этой комнате размещают больше всего цветов, причем выбирают самые красивые.

Гостиная обычно хорошо освещена, поэтому можно использовать все виды растений. Но в большой комнате обычно оказывается много батарей, тогда зимой возникают проблемы с влажностью. Это решается подбором засухоустойчивых растений или увеличением влажности комнатного воздуха.

Не следует заставлять комнату одними и теми же видами растений, а также не стоит превращать ее в цветочный магазин. Нарядную обстановку дополнят растения с простыми листьями, а простую украсят причудливые формы. Внешний вид гостиной легко изменять, переставляя или обновляя композиции из комнатных цветов.

Скучному, однообразному интерьеру наших комнат всегда придадут очарование правильно подобранные комнатные цветы. А богатой обстановке добавят изысканности именно живые растения.

Столовая

Не многие имеют отдельную комнату под столовую, но речь здесь пойдет скорее о той части кухни или гостиной, которая используется именно для этой цели.

Как ни странно, но столовую меньше всего украшают цветами, а ведь здесь много горизонтальных поверхностей и находится она недалеко от кухни, что облегчает полив.

Именно в этой части квартиры обычно располагается меньше всего мебели. Понятно, что напольные цветы здесь ставить нельзя — они будут мешать. Зато украсить стены, полочки или сервант для посуды вам ничто не мешает.

Можно поставить цветы посредине обеденного стола. Это должен быть плоский горшок с низкими цветами, такими, как мелколиственный плющ, сенполия, бегония или карликовый лавр.

Конечно, следует избегать растений с сильными и неприятными запахами и тщательно следить за внешним видом располагающихся у всех на виду экземпляров.

Именно в столовой используют композицию из зеленой стены для отделения обеденной зоны от остальной части комнаты.

Также над обеденным столом можно расположить висячую вазу с ампельными растениями.

В спальной комнате реже всего размещают комнатные растения, поскольку мы мало времени там проводим в светлое время суток и насладиться красотой растений не успеваем.

Другая причина, по которой многие не хотят иметь растения в спальне, — это то, что ночью растения выделяют углекислый газ. Надо отметить, что здесь нет повода для беспокойства — выделения настолько малы, что никоим образом не могут сказаться на вашем здоровье. Любые растения в комнате не приносят вреда, наоборот, выделяемые цветами фитонциды очистят воздух от микробов.

Необходимость ухаживать за растениями, которые никто не увидит, часто является расслабляющим фактором. Но давайте посмотрим на эту комнату с другой стороны. Здесь можно создать свой собственный мир и не заботиться о мнении друзей и знакомых. В этом случае лучше остановиться на одном-двух экзотических одиночных растениях, чем создавать композицию из нескольких.

Для большой спальни вполне подойдет крупный напольный цветок в углу, у окна или при входе — в любом месте, где он хорошо виден с постели. Вокруг зеркала или туалетного столика можно пустить вьющееся растение, а тумбочку или окно украсить декоративноцветущим экземпляром. В спальне также можно поместить растения с ароматными, но не сильно раздражающими запахами (например, жасмин).

Спальня может быть прекрасным местом для зимовки многих растений, которым необходим период покоя, поскольку воздух в спальне всегда поддерживают свежим: днем открывают форточки для проветривания или отключают батарею.

Кухня

Большая часть людей любит окружать себя цветами на кухне. Многие декоративнолистные и цветущие растения прекрасно себя чувствуют в этом помещении. Обилие света и повышенная влажность являются факторами, положительно влияющими на рост растений, а газ не вреден для них. Единственным неудобством для цветов на кухне являются сквозняки, поэтому не стоит выращивать там экзотические и капризные экземпляры. Растения могут быть самыми простыми, придать им необычность можно, высаживая в различной формы горшки.

На кухне обычно не хватает места для напольных растений. Не ставят цветы и на рабочие поверхности. Поэтому горшки обычно размещают на полках, в настенных кашпо, на подоконниках и в подвесных корзинах. Оригинально смотрятся и цветы, размещенные около раковины, необходимо только следить, чтобы моющие средства не попадали на листья. Пряные травы, комнатные томаты и перцы, выращиваемые на окне, придадут вашей кухне стилизованную декоративность.

Любая зелень приятно оживит и смягчит обстановку на кухне. Особенно ценно это для людей, проводящих большую часть дня именно здесь.

Кухня выгодно отличается от других комнат тем, что здесь очень удобно ухаживать за растениями: все под рукой — вода, ведро для мусора, ножницы.

Прихожая

Редко кто может похвастать большой и светлой прихожей. Понятно, что в этом случае нет проблем с размещением комнатных растений. Но что делать, если прихожая маленькая и темная? В первую очередь, не расстраиваться — выход есть.

Оптимальный вариант — украшать прихожую недорогими цветущими горшечными растениями, которые заменять на другие каждый раз, как только они отцветут, благо что в любое время года можно найти цветущие растения.

Есть еще одно интересное решение: вырастить два одинаковых декоративнолистных цветка, один разместить в прихожей, а другой в более освещенном месте, и просто периодически менять их местами. Пока одно растение отдыхает и набирается сил, другое работает декоратором.

Комнатные растения в вашей прихожей не должны стоять на проходе. Лучше всего их расположить на полочке напротив двери или около зеркала. Не стоит здесь использовать кактусы и другие колючие растения.

Зимний сад на балконе

Остекление балкона или продолжение комнаты за счет закрытой лоджии — довольно распространенное и современное решение планировки квартиры. Это пространство все чаще используют под зимний сад.

Выбор растений в этом случае зависит от того, какая температура будет поддерживаться в этом помещении. При условии отапливания крытого балкона зимой там можно выращивать практически любые тропические растения. Можно подобрать и цветущие зимой при умеренно прохладном воздухе цветы.

Для создания зимнего садика на балконе необходимо несколько условий:

- покрыть пол негниющим материалом;
- отапливать помещение зимой;
- летом листву притенять от прямых солнечных лучей;
- продумать систему вентиляции.

Все чаще закрытые лоджии делают продолжением гостиной или другой комнаты. При этом не ставят разделяющую дверь, и влажный воздух поступает в жилое помещение. Ближе к проходу в зимний садик и на самой лоджии не стоит расставлять полированную мебель.

Стоит помнить, что наши балконы не могут служить полноценными теплицами или оранжереями, поэтому их не стоит перегружать растениями.

Цветы, нуждающиеся в зимнем покое, прекрасно чувствуют себя именно в таких местах. Те из них, которым не нужен свет, можно прикрыть на этот период декоративными ящичками.

ПОЧЕМУ РАСТЕНИЯ БОЛЕЮТ И КАК С ЭТИМ БОРОТЬСЯ

Растения, как и мы с вами, могут болеть. К сожалению, иногда мы сами виноваты в этом. Внимательно изучив этот раздел, вы сможете своевременно помочь своим домашним любимцам.

Вот перечень факторов, которые следует учитывать, если мы хотим иметь дома здоровые растения:

- оптимальный режим полива;
- правильно выбранное место;
- достаточное освещение;
- необходимая влажность воздуха;
- размер посуды;
- подходящий состав земли;
- своевременная подкормка;
- еженедельный осмотр;
- своевременная и правильная помощь заболевшим растениям.

Мы не всегда точно знаем, какие условия необходимы тому или иному растению, и не всегда точно можем определить и подобрать необходимые параметры содержания его в комнате, но тогда необходимо внимательно понаблюдать за самими цветами, которые могут подсказать нам, в чем они нуждаются.

Если мы видим, что растение заболело, то действовать необходимо решительно и первое, что надо сделать, — это изолировать его от других растений.

Затем внимательно осмотреть, постараться определить болезнь и приступить к лечению. Следующее, что нужно помнить, это то, что инструменты и руки после обработки больного растения необходимо тщательно вымыть.

При обработке растений химическими средствами следует учитывать, что они не безопасны и применять их следует только в экстренных случаях, когда, например, растение очень ценное, а все остальные средства уже были использованы.

В комнатах нельзя использовать химические средства, предназначенные для растений открытого грунта, поэтому при их покупке внимательно изучите все надписи на упаковке.

Физиологические заболевания

Именно этот вид заболеваний возникает из-за ошибок, допущенных нами при уходе за растением.

Рассмотрим наиболее часто встречающиеся болезни.

Пожелтение листьев — в большинстве случаев это признак недостатка железа или магния, проявляющийся, когда в воде для полива содержится много кальция, который обычно воздействует на железо таким образом, что растение не может усваивать его из почвы.

Сухие пятна на листьях — «солнечный ожог» получается тогда, когда растение стоит под полуденным солнцем, а ему требуется притенение.

Корковидные наросты образуются на стеблях и листьях из-за слишком частого полива и большой влажности воздуха в сочетании с недостаточной освещенностью.

Задержка роста — здесь может быть множество причин, в частности: слишком маленькая посуда для корневой системы растения, слишком обильный полив, резкие колебания температурного режима, недостаточная освещенность, недостаток или переизбыток удобрений.

Вялое образование бутонов — обычно это является следствием излишка азотных удобрений или нарушения условий периода покоя.

Сухие концы листьев — это чаще всего говорит о том, что воздух в помещении слишком сухой для данного растения.

Определение недостатка элементов питания по внешним признакам растений

Большое значение в питании растений имеют микро- и макроэлементы, без которых растения развиваются медленно или совсем не развиваются. Давно существует метод определения недостатка питательных веществ, который мы и приведем ниже.

При очередном осмотре растения, заметив на нем те или иные внешние отклонения от нормы, вы читаете первую антитезу (антитезы отделены друг от друга знаком «—») *пункта 1* из приведенного ниже списка.

Если описание признаков совпадает с отклонениями, наблюдаемыми на растении, цифрой справа вы отсылаетесь к следующему пункту, который даст вам ответ или отошлет дальше. Если отклонения не совпадают с признаками, описанными в первой антитезе пункта 1, то вы читаете следующую и т. д. до тех пор, пока вы не получите конкретный ответ, в каком элементе питания нуждается растение.

1 пункт:

— Признаки, видимые обычно на всем растении или на более старых нижних листьях 2

— Признаки, видимые обычно только на молодых листьях 5

2 пункт:

— Признаки проявляются на всем растении (часто наблюдается пожелтение и отмирание нижних листьев) 3

— Признаки проявляются только на нижних, более старых листьях 4

3 пункт:

— Листья светло-зеленые. Растение слабо развито. Стебель имеет мало новых побегов. Листья мелкие, нижние более светлые, чем верхние, с красноватым оттенком. За пожелтением следует усыхание с появлением светло-коричневой окраски. Обычно наблюдается слабое опадание листьев — ***недостаток азота.***

— Листья имеют темно-зеленый окрас. Рост замедлен. Нижние листья иногда между жилками желтые, но чаще пурпурно-коричневые, особенно часто эта окраска проявляется на черешках. Наблюдается преждевременное опадание листьев — ***недостаток фосфора.***

4 пункт:

— Нижние листья с некротическими (отмершими) пятнами ближе к верхушке и краям. Пожелтение начинается в верхней части листа и продвигается к середине. Позднее листья становятся коричневыми и скручиваются. Более старые листья опадают — ***недостаток кальция.***

— Нижние листья хлоротичные (обесцвечены). Хлороз в основном между жилками, сами жилки обычно остаются зелеными. Края листьев с некротическими пятнами, развивающимися, как правило, внезапно — в течение суток — ***недостаток магния.***

5 пункт:

— Конечные почки остаются живыми 6

— Конечные почки обычно отмирают 7

6 пункт:

— Листья становятся хлоротичными между жилками, жилки остаются зелеными. Омертвевшие пятна обычно отсутствуют. В исключительных случаях наблюдается некроз краев и верхушки листьев, который иногда распространяется по всей листовой пластинке* — ***недостаток железа.***

— Некротические пятна обычно имеются и распределены по всей поверхности листа. Так как даже самые мелкие жилки остаются зелеными, появляется сетчатость. Окраска и общий вид цветков неудовлетворительны для данного вида растения — ***недостаток марганца.***

— Листья светло-зеленые, жилки светлее, чем прилегающая ткань; единичные некротические пятна. Старые листья не отмирают или отмирают незначительно — ***недостаток серы.***

7 пункт:

— Пятна видны на концах и по краям молодых листьев, которые на верхушке часто бывают скручены. Все эти явления сопровождаются отмиранием корня — ***недостаток кальция.***

— Укорочение междоузлий и образование розеток. Вследствие отмирания конечной почки уси-

---

* Сходные признаки могут вызываться и повышенной щелочностью почвы, слишком сильным поливом, низкими температурами, корневыми нематодами. Однако можно предполагать, что эти условия всего лишь препятствуют поглощению растением железа.

ленный рост пазушных побегов. Уменьшение листовых пластинок. Стебли и листовые черешки хрупкие. Стебель под конечной почкой часто искривлен. Все эти явления сопровождаются отмиранием корня — ***недостаток бора.***

Наиболее распространенные вредители и методы борьбы с ними

Тля — мелкие насекомые длиной 1—5 мм, чаще зеленоватого, реже бурого, черного или серого цвета. Это самый распространенный вредитель комнатных растений. Тли нападают на молодые побеги, почки, листья, цветы и высасывают из них сок. Растение, пораженное тлей, ослабевает, листья покрываются липкой медвяной росой. Размножаются тли очень быстро и могут покрыть все растение, если вовремя не начать бороться с ними. Сухой комнатный воздух — идеальные условия для размножения тли.

Способы борьбы с тлей:

— обмывание растений жидким мылом;

— обработка карбофосом или хлорофосом;

— опрыскивание крепким настоем табака.

Паутинный клещик — это едва заметный крошечный паучок красноватого цвета, который поселяется преимущественно на нижней стороне листьев и питается клеточным соком. Листья, зараженные клещиком, покрываются прозрачной паутинкой, а затем желтеют и засыхают.

Благоприятными условиями для его появления являются высокая температура воздуха, низкая влажность и переизбыток удобрений.

Способы борьбы с паутинным клещиком:

— перекапывание земли в горшке;

— обработка хлорофосом;

— опрыскивание растений коллоидной серой или актелликом;

— опрыскивание настоем лука или чеснока;

— сильное увеличение влажности воздуха: хорошо полить растение и поместить в прозрачный полиэтиленовый пакет на 10—14 дней.

Трипс — маленькое крылатое насекомое темно-бурого цвета, которое соскабливает кожицу с листьев и высасывает из них сок. Поврежденные листья покрываются сначала мелкими беловато-желтыми пятнами, затем буреют и отмирают. Если воздух в комнате сухой и теплый, то размножаются они необыкновенно быстро.

Способы борьбы с трипсом:

— обработка карбофосом или хлорофосом;

— опрыскивание настоем чистотела;

— если вредители появились на луковичках, то их погружают в воду с температурой 50°С на 5 минут.

Щитовка — насекомое, по форме напоминающее круглый или овальный щит, плотно прилегающий к поверхности листа или коры и окрашенный в желтоватый, серый или бурый цвет. Щитовка присасывается к листу и, отложив множество яичек, из которых со временем вылупляются и расползаются личинки, под своим щитом гибнет. Обычно щитовки обнаруживаются с запозданием, поэтому растения необходимо регулярно осматривать, особенно зимой, т. к. сухое зимнее отопление способствует их быстрому размножению.

Один из способов борьбы со щитовкой — тщательное соскабливание насекомых жесткой щеточкой и затем обмывание растений мыльной эмульсией или крепким табачным настоем.

Червец — вредитель, который является родственником щитовки, только в отличие от нее всегда остается в движении и не накрывается прочным щитком. Цвет бывает от розового до светло-коричневого, длина — 2—3 мм. Пораженные червецом растения выглядят так, словно они усеяны клочками белого пуха.

Способы борьбы с червецом:

— соскабливание жесткой щеточкой и затем обмывание растений мыльной эмульсией или крепким табачным настоем;

— обработка карбофосом.

Ногохвостки — очень мелкие, беловатые, прыгающие насекомые, в изобилии появляющиеся на поверхности земли в горшках. Причиной их появления обычно является чрезмерно обильный полив, когда поверхность земли не просыхает.

Способы борьбы с ногохвосткой:

— присыпание поверхности земли в горшке сухим песком и сокращение полива;

— пересаживание растения в другой горшок;

— погружение земляного кома в воду на несколько часов.

Грибковые заболевания

Грибы бывают полезные и безвредные, а есть такие, которые вызывают заболевания. Они есть в любой цветочной земле, некоторые из них проникают в ткани растений и закупоривают проводящие пути.

Корневая гниль — основания листьев, клубни, луковицы темнеют и загнивают, затем растение может отмереть. Благоприятными условиями появления гнили являются повышенная влажность, переизбыток удобрений и слишком холодная поливная вода.

Способ борьбы с корневой гнилью — регулярное рыхление почвы вокруг растения, понижение влажности почвы, обработка 0,2%-ным раствором фундазола.

Мучнистая роса — проявляется на листьях в виде бело-серого налета. Обычно быстрому распространению этого заболевания способствует неправильно выбранное место, избыток азотных удобрений, теснота и влажно-теплый воздух.

Способы борьбы с мучнистой росой:

— обработка растения 0,5—1%-ным раствором коллоидной серы;

— обработка медно-мыльной смесью (20 г медного купороса смешать с 200 г мыла на 10 л воды);

— обмывание отваром хвоща;

— обмывание чесночным настоем.

Ржавчина — рыжие пятна, появляющиеся на листьях растения при высокой влажности воздуха.

Способы борьбы со ржавчиной:

— опрыскивание серными препаратами;

— обмывание чесночным настоем.

Бактерии и вирусы

Комнатные растения, так же как и люди, подвержены вирусным заболеваниям, которыми они заражаются от насекомых-вредителей. А бактерии обычно проникают в растения через повреждения устьиц листьев из воды, которой поливают растения. Бороться с этими видами заболеваний невозможно и бесполезно, поэтому пораженные растения следует просто уничтожать.

У комнатных растений не так много заболеваний такого рода.

Мозаика — болезнь, вызывающая задержку роста растения, проявляется в появлении на листьях светлой крапчатости, курчавости, деформации цветков и пестрой окраске на цветах и листьях.

Олеандровый рак — этот вид болезни вызывают бактерии, которые располагаются именно на этом растении.

Если мы видим, что растение заболело, то действовать необходимо решительно и первое, что надо сделать, — это изолировать от других растений.

ОСНОВНЫЕ ЛЕКАРСТВЕННЫЕ ФОРМЫ ИЗ РАСТИТЕЛЬНОГО СЫРЬЯ

Сбор и хранение растений

Знания о том, когда и как собирать различные части растения для лечебных целей, помогут нам наиболее полно пользоваться их полезными свойствами. Мы не всегда сразу применяем растение в лекарственных целях, иногда удобно заготовить сырье заранее, а затем уже пользоваться им в удобное для нас время года или при обострении заболевания.

Биологически активные вещества в растениях накапливаютя в различных его частях и в определенные периоды развития. У одних лекарственные вещества накапливаются в почках, листьях и стеблях, у других — в цветках или плодах, у третьих — в корнях или в коре, причем количество их в различных фазах роста не постоянно: оно колеблется даже в течение дня. Естественно, лучше собирать те части растения, которые в данный момент содержат наибольшее количество лечебных веществ. Таким образом, два основных фактора определяют срок заготовки сырья из растений — это время и место накопления биологически активных веществ.

Все надземные части растений собирают сухими, при этом следует обратить внимание на растения, которые стоят на балконах или были вынесены в сад — на свежем воздухе образуется роса и следует дождаться ее высыхания. Оптимальное время заготовки — солнечный день с 10 до 16 часов.

Затем собранные части растения необходимо быстро высушить, предварительно измельчив их. Солнечный подоконник для этого не лучшее место, т. к. на солнце не сохраняются ароматические составляющие, а также может произойти окисление других соединений.

Для сушки прекрасно подходит духовка с открытой дверцей или помещение с теплым, сухим воздухом. В помещении, где сушится трава, не должны находиться посторонние запахи, химические вещества, минеральные удобрения, поскольку травы во время высыхания способны впитывать их. Сушка пройдет быстрее, если использовать слабый вентилятор. А чем быстрее пройдет сушка, тем выше будет качество сырья.

При сушке сырье необходимо периодически перемешивать.

Выбор и продолжительность сушки зависят от самого растения. Если оно содержит эфирные масла, то сушат медленно при температуре не выше 35°С. При наличии гликозидов сырье сушат при 50—60°С, таким образом быстро прекращается деятельность ферментов, разрушающих гликозиды. Сырье, содержащее различные кислоты (например, аскорбиновую), сушат при 80—90°С во избежание их окисления.

Сушка считается законченной тогда, когда корни и кора при сгибании не гнутся, а с треском ломаются, листья и цветки растираются в порошок, а плоды не склеиваются при сжатии и не пачкают.

Заготовленное сырье можно хранить в бумажных и матерчатых мешках и коробках, в стеклянных и железных банках. Для сохранения летучих веществ банки следует закрывать плотной крышкой. На упаковку необходимо прикрепить этикетку с названием растения и временем сбора. Большинство видов сырья можно хранить не более 1 года.

Почки собирают обычно весной, когда они клейкие, набухли, но еще не тронулись в рост. Сушить их следует осторожно: длительное время в прохладном проветриваемом помещении, т. к. в теплом они начинают распускаться.

Листья (а также надземные части растения) собирают в период бутонизации и цветения у листопадных растений и круглый год у вечнозеленых. Поблекшие, увядшие или больные листья использовать нельзя. Крупные листья обрывают руками или аккуратно срезают, мелкие срезают вместе со стеблем, если он не очень твердый.

Цветки требуют осторожного обращения. Соцветия срезают и сушат целыми на подносе. Мелкие цветки можно обрывать вместе со стеблем. Лучшее время для сбора — начало цветения. В этот период цветки содержат больше активных веществ, меньше осыпаются при хранении, лучше выдерживают сушку и сохраняют свой цвет.

Плоды. Наиболее богаты лекарственными веществами спелые плоды, поэтому их собирают по мере созревания, когда они хорошо отделяются от плодоножки. У некоторых растений плоды располагаются в зонтиках или щитках, тогда их так и обрывают, сушат и уже потом отделяют от плодоножки.

Семена срезают вместе со стеблем, когда они созрели, но еще не разлетаются и не отваливаются. Срезанные стебли подвешивают пучками над емкостью, куда будут падать сухие семена, так, чтобы на них не попадали прямые солнечные лучи и их не сдувало сквозняком. Обычно семена высыхают за 2 недели.

Корни, корневища и луковицы собирают обычно в период отмирания надземных частей, когда растения переходят в период покоя (конец лета — осень), или ранней весной, пока не начался рост. Корни отряхивают от земли и тщательно промывают, сразу нарезают на мелкие части, поскольку потом это сделать сложнее, и сушат. Необходимо помнить, что высушенные корни способны впитывать влагу из воздуха, в этом случае они становятся мягкими и их следует выкинуть.

Биологически активные вещества растений

Лечебные свойства многих растений связаны с наличием биологически активных веществ, которые имеют разнообразный состав и относятся к различным классам химических соединений.

Растения, в том числе и лекарственные, состоят на 70—90% из воды, кроме того, в их состав входят различные органические и минеральные вещества. Среди органических соединений различают вещества первичного синтеза — белки, углеводы, липиды (жиры), ферменты, витамины и вторичного синтеза — алкалоиды, гликозиды, фенольные соединения (фенолы, лигнаны, кумарины, флавоноиды, дубильные вещества и пр.), эфирные масла, смолы, органические кислоты и др.

Наибольшее значение в качестве биологически активных веществ имеют как раз вещества вторичного происхождения, однако ряд лекарственных растений используют ради тех или иных углеводов, жиров и в особенности витаминов.

Алкалоиды — природные сложные азотосодержащие соединения разнообразного химического строения. Свое название эти вещества получили от арабского «алкали» (щелочь) и греческого «ейдос» (подобный). Фармакологические свойства алкалоидов обширны, они оказывают транквилизирующее и стимулирующее влияние на центральную нервную систему, сосудосуживающее и сосудорасширяющее — на сердечно-сосудистую, а также влияют на медиаторные системы и функциональную деятельность мышечной системы.

Первым открытым алкалоидом был морфин, который выделили из мака и назвали в честь греческого бога сновидений Морфея. Сейчас известно много видов алкалоидов, используемых в фармакологии: стрихнин, бруцин, кофеин, никотин, хинин, атропин и др.

Наибольшее содержание алкалоидов в растениях бывает в период бутонизации и цветения.

Гликозиды — группа веществ безазотистой природы, молекула которых состоит из сахаристой части (гликона) и несахаристой части (агликона). Гликозиды в отличие от алкалоидов быстро разрушаются, поэтому для их сохранения растения нужно сушить быстро и не допускать отсыревания.

В медицине используют сердечные, флавоноидные, горькие гликозиды, антрагликозиды и сапонины. *Сердечные гликозиды* играют большую роль в лечении сердечно-сосудистой системы, препараты из растительного сырья составляют большую часть лекарственных средств. Растения, их содержащие, считаются ядовитыми.

Флавоноидные гликозиды оказывают бактериальное и желчегонное действие, а также способствуют удалению радиоактивных веществ.

Горькие гликозиды (горечи) применяются для повышения аппетита у больных. Они увеличивают выделение желудочного сока, что способствует лучшему усвоению пищи.

Антрагликозиды оказывают слабительное действие, малотоксичны.

Сапонины используют как отхаркивающее, мочегонное и желчегонное средства.

Фенольные соединения — это вещества ароматического ряда. К ним относятся фенолы, фенолокислоты, фенолоспирты, лигнаны, кумарины, а также более сложные вещества: флавоноиды и дубильные вещества.

Среди *простых фенолов* лечебное значение имеют фенол, пирокатехин, гидрохинон, флороглюцин, которые являются эффективным противоглистным средством.

Лигнаны обладают стимулирующим действием, применяются для лечения различных опухолей и новообразований. Накапливаются главным образом в семенах, корнях и древесине.

Кумарины стимулируют центральную нервную систему, проявляют бактериостатическое, антигрибковое свойство, обладают небольшим противоопухолевым действием. Производные кумаринов используют при лечении кожных заболеваний, а также применяют против глистов. Интересно, что запах свежего сена обусловлен наличием кумаринов в растениях. Они накапливаются в коре, корнях и плодах, достигая иногда 10%.

Флавоноиды представляют собой группу растительных пигментов и накапливаются во всех частях растений. Они обладают разнообразным фармакологическим действием: применяются как сердечные, желчегонные и отхаркивающие средства, а также способствуют удалению радиоактивных веществ из организма.

Источником флавоноидов являются многие растения, но особенно следует отметить цитрусовые.

Дубильные вещества (таниды) — безазотистые органические соединения, содержатся в коре. Получили свое название за способность дубить кожу, т. е. делать ее водонепроницаемой. Растения, содержащие дубильные вещества, применяют как вяжущие и бактерицидные средства при желудочно-кишечных заболеваниях, для полоскания горла и полости рта, при ожогах, как кровоостанавливающее и противовоспалительное, а также при отравлении алкалоидами и солями тяжелых металлов.

Эфирные масла — душистые, летучие вещества, содержатся большей частью в цветках, листьях и плодах растения. Легко перегоняются горячей водой или паром, обладают противовоспалительным, антимикробным, противовирусным и глистогонным действием. Некоторые масла обладают стимулирующим, транквилизирующим и болеутоляющим свойством, снижают артериальное давление, расширяют сосуды головного мозга и сердца. Известны отхаркивающие и успокаивающие кашель свойства эфирных масел.

В фармацевтической промышленности используются для улучшения вкуса и запаха лекарств. С этой же целью используются в пищевой и ликероводочной отраслях.

Следует строго соблюдать правила приготовления и хранения лекарственных форм из растений, содержащих эфирные масла. Кислород, влага и свет вызывают окисление, изменение окраски и состава масел.

Смолы — густые, липкие жидкости, обладающие сильным ароматным запахом. По химическому составу схожи с эфирными маслами и обычно содержатся в растении вместе с ними. Обладают бактерицидными, антигнилостными свойствами, используются для приготовления ранозаживляющих пластырей и настоек, которые принимают вовнутрь как слабительное.

Долго незасыхающие смолы называют *бальзамами*.

Органические кислоты являются постоянными составными частями растений наряду с углеводами и белками. Попадая в организм, они участвуют в биохимических реакциях, играют важную роль в поддержании кислотно-щелочного равновесия.

Органические кислоты определяют вкус растения, а иногда и запах, который обеспечивается летучими кислотами: муравьиной, масляной, уксусной и др. Лимонная, аскорбиновая, никотиновая кислоты обладают биологической активностью. Кофейная кислота оказывает желчегонное действие.

Белки — природные высокомолекулярные органические соединения. Во всех живых организмах они играют исключительно важную роль: участвуют в построении клеток и тканей, являются биокатализаторами (ферменты), гормонами, дыхательными пигментами (гемоглобины), защитными веществами (иммуноглобулины) и др. Белки — основа кожи, шерсти, шелка и других натуральных материалов, важнейшие компоненты пищи человека и корма животных. Как медицинские препараты применяются ферменты, имеющие белковую природу.

Ферменты — это вещества, ускоряющие течение биохимических процессов в организме.

Углеводы составляют основную массу многих лечебных препаратов. Входят в состав клеточных оболочек и других структур, активно участвуют в защитных реакциях организма. Некоторые из них находят применение в медицине как самостоятельные лечебные средства — глюкоза, крахмал, камеди, слизи, пектиновые вещества, крахмал и др.

Особенно хорошо известна *глюкоза*. Она улучшает работу печени и сердца, повышает кровяное давление, усиливает обмен веществ, при этом легко усваивается организмом.

Крахмал является важнейшим запасным питательным веществом растений, почти на 98% состоящим из полисахаридов.

Крахмал применяется в присыпках, пудрах и входит в состав некоторых мазей. Отвар крахмала (клейстер) принимается вовнутрь как обволакивающее средство, используется в клизмах. Накрахмаленные бинты используются для фиксированных повязок.

Пектиновые вещества (от греч. *pektos* — свернувшийся, замерзший), полисахариды. Присутствуют во всех наземных растениях (особенно много в плодах) и в некоторых водорослях. Повышают засухоустойчивость растений, устойчивость овощей и плодов при хранении и используются в пищевой и фармацевтической промышленности как студнеобразующие вещества. Накапливаясь в значительном количестве, они усиливают лечебный эффект.

Витамины — органические соединения разнообразного химического строения. Играют самую важную роль в обмене веществ, регулируют процесс усвоения и использования белков, жиров и углеводов.

Известно около 30 витаминов, многие из которых содержатся в растениях. Это A, B_1 (тиамин), B_2 (рибофлавин), B_6 (пиридоксин), B_{12}, B_{15} (аскорбиновая кислота), D, E, F, K, P (рутин), PP (никотиновая кислота) и др.

Установлено, что в растениях витамины находятся в гармоническом сочетании и не оказывают на организм побочного действия, чего нельзя сказать о витаминах, полученных синтетическим путем.

Микроэлементы — химические элементы (Al, Fe, Cu, Mn, Zn, Mo, Co, I и др.), содержащиеся в организмах в низких концентрациях (обычно тысячные доли процента и ниже) и необходимые для их нормальной жизнедеятельности. Входят в состав ряда ферментов, витаминов, гормонов, дыхательных пигментов. Влияют на рост, размножение, кроветворение и т. д. Недостаток или избыток микроэлементов приводит к нарушению обмена веществ.

Кроме перечисленных групп действующих веществ лекарственных растений, лечебные свойства их обусловлены наличием минеральных солей. Во многих случаях целебное действие растения связано не с каким-либо одним веществом, а с комплексом веществ, входящих в него. В этом случае применение чистого действующего вещества не дает того лечебного эффекта, какой получают при использовании самого растения или экстракта из него.

Приготовление лекарств

В медицинской практике лекарственные растения редко используются в натуральном виде. Обычно из них готовят лекарственные препараты и лекарственные формы. В домашних условиях из каждого растения и различных сборов можно приготовить настои, отвары и спиртовые (водочные) настойки.

Порошки — самая простая лекарственная форма. Части растения нарезают и сушат, затем в ступке или кофемолке измельчают в порошок. Принимают внутрь или используют для присыпки ран, язв и т. д.

Настои и отвары. *Настои* приготовляют из мягких неодревесневших частей (трава, листья, цветки), из которых легко извлекаются биологически активные вещества. Чаще всего настои делают из расчета 1:10, т. е. из одной весовой части растительного сырья получают 10 объемных частей настоя. *Отвары* готовят из грубых одревесневших частей растений (корни, корневище, древенистые стебли) обычно из расчета 1:10, реже 1:30. Естественно, настои для наружного применения готовят более концентрированными.

Отвар — это более полный способ извлечения биологически активных веществ из растительного сырья, поэтому готовится чаще из корней, коры, ветвей и ягод.

Для получения указанных лекарственных форм растительное сырье необходимо измельчить: листья, траву, цветки — до частиц размером 5—7 мм, кожистые листья — размером не более 1 мм, стебли, корни и корневища — не более 3 мм, плоды и семена — не более 0,5 мм.

Настои и отвары готовят следующим образом: измельченное лекарственное сырье помещают в эмалированный или фарфоровый сосуд и заливают необходимым количеством дистиллированной воды (в домашних условиях — кипяченой), закрывают крышкой и нагревают на кипящей водяной бане (при частом помешивании): настои — 15 минут, отвары — 30 минут. При приготовлении настоя следует следить за тем, чтобы вода не кипела, поскольку с паром улетучиваются эфирные масла.

Затем сосуд снимают с водяной бани и охлаждают при комнатной температуре (настои не менее 45 минут, а отвары — 10 минут). Настои охлажденные, а отвары еще в горячем состоянии процеживают через слой ваты (вату отжимают) и разбавляют кипяченой или дистиллированной водой до указанного объема. Отвары растений, содержащих дубильные вещества, нужно процеживать сразу же после нагревания.

В домашних условиях настой можно получить без кипячения. Для этого измельченное растительное сырье помещают в термос, заливают крутым кипятком и настаивают не менее 5—6 часов, после чего процеживают, остаток отжимают и фильтруют, затем доводят кипяченой водой до требуемого объема.

Существует *холодный способ* приготовления настоя. Растение измельчают, помещают в эмалированный или стеклянный сосуд, заливают холодной водой и настаивают в течение 6—8 часов, после чего фильтруют.

Необходимо помнить, что настои и отвары быстро портятся, особенно в летнее время или при хранении в теплом помещении.

Поэтому готовить их необходимо ежедневно или, если это возможно, то водные вытяжки хранят в холодильнике или в прохладном темном месте не более двух суток. Дозируют настои и отвары ложками или стаканами.

Мацераты готовят из корней некоторых растений. Для этого 25 г сушеного или 75 г сырого сырья заливают 500 мл холодной воды, оставляют на ночь, а утром процеживают.

При этом происходит размягчение (мацерация) и разъединение клеток в растительных тканях в результате растворения межклеточного вещества.

Мацераты используют так же как отвары и настои.

Настойки готовят на 70° или 40°-ном спирте. Измельченное растительное сырье помещают в сосуд (лучше стеклянный), заливают спиртом из расчета на 1 весовую часть измельченного сырья 5 объемных частей настойки (из 20 г сырья получают 100 мл настойки), закупоривают и выдерживают при комнатной температуре в течение 7 дней, периодически взбалтывая.

Для растений, содержащих сильнодействующие вещества, соотношение сырья и спирта составляет 1:10. Затем готовую настойку сливают, остаток растения хорошо отжимают и полученную настойку фильтруют. Она должна быть прозрачной и иметь запах и вкус настаиваемого сырья.

Спиртовые настойки пригодны для длительного хранения, обычно до 2 лет. Хранятся настойки в темном месте, в хорошо закрытых бутылках темного стекла при комнатной температуре. Дозируют настойки каплями (1 мл настойки в среднем содержит 40 капель).

Для приготовления настоек обычно используют чистый этиловый спирт, но его вполне можно заменить любым крепким напитком.

Хорошим заменителем является водка или ром, который может заглушить неприятный вкус некоторых растений. При использовании заменителей спирта сырье обычно настаивают в течение 2 недель в прохладном месте.

В н и м а н и е! Настойки следует готовить безалкогольными для беременных женщин, больных гастритом, гепатитом и детей.

Безалкогольные настойки легко получить, добавив к дозе настойки (5 мл или 1 чайная ложка) 2—4 столовые ложки кипятка и остудив: большая часть спирта испарится.

Сироп — это подслащенные настой или отвар, удобен тем, что имеет более длительный срок хранения. Он приятен на вкус, поэтому его часто применяют для лечения детей. Сироп, приготовленный на меде, является очень эффективным средством от кашля.

Для приготовления сиропа берется настой или отвар и такое же количество меда или нерафинированного сахара. Все это нагревается в кастрюле при непрерывном помешивании до полного растворения меда или сахара. Затем сироп остужается, переливается в бутылки темного стекла и плотно закрывается крышками.

Сироп принимают обычно по 1—2 чайные ложки 3 раза в день.

Сок обладает сильным воздействием на организм, т. к. используется без изменений вся целебная ценность растений. Особенно полезен сок, собранный до начала цветения.

Для приготовления сока обычно требуется большое количество растительного сырья.

Сок рекомендуется готовить непосредственно перед употреблением, но возможно и его длительное хранение. Растение измельчают миксером, затем отжимают через марлю. (Можно использовать соковыжималку.) Полученный сок еще раз очищают, пропустив через марлю.

Сок обычно принимают вовнутрь 3—4 раза в день от 1 чайной ложки до 2 столовых ложек на один прием. Соки из плодов фруктовых растений можно пить в большом количестве. Сок применяют и наружно — для промывания ран и в виде компрессов.

Чай — смесь высушенных наземный частей растения, чаще всего готовится из листьев. Чай является хорошим тонизирующим средством и может долго храниться в жестяной емкости.

Сырье приготовить просто: некрупные листья растения обрывают и высушивают, крупные перед сушкой нарезают не очень мелко. Затем заваривают и пьют как чай или используют как добавку к чаю в течение года по мере необходимости.

Масляные экстракты — это вытяжки маслом биологически активных компонентов растений. Готовят их двумя способами:

Горячий способ: берут 250 г сухого или 750 г свежего сырья на 500 мл подсолнечного масла.

Все это кладут в стеклянную или эмалированную миску или кастрюлю, ставят на водяную баню и кипятят на небольшом огне 3 часа. Затем сливают через марлю, оставшееся в ней сырье отжимают и полученную жидкость разливают в герметично закрывающиеся бутылки темного стекла.

Холодный способ: измельченные части растения плотно укладывают в стеклянную банку и заливают доверху маслом, закрывают крышкой и ставят в теплое место на 2—3 недели. После сливают смесь через марлю, затем отжимают в ней остатки сырья. В полученную жидкость кладут новую порция сырья и снова ставят в теплое место на 2—3 недели. Готовый экстракт очищают и разливают для хранения в темные банки.

Масляные экстракты обычно применяют наружно и для приготовления кремов и мазей.

Крем — это смесь лекарственного сырья с жирами, воском и водой. Он прекрасно хранится в течение нескольких месяцев, а в холодильнике до 1,5 лет. Кремы хорошо впитываются в кожу и смягчают ее.

В качестве основы для крема можно взять несоленое свиное сало, топленое сливочное или растительное масло.

Основу для крема (100 г) разогревают в миске на водяной бане, затем добавляют глицерин (40 г), воду (50 г), растительное сырье (20 г сухого или 60 г свежего) и кипятят на слабом огне около 3 часов. Полученную смесь процеживают через марлю, остатки сырья отжимают. Затем остужают, перемешивая, и раскладывают по баночкам.

Вводимое растительное сырье можно использовать в виде порошка, экстракта, настойки или свежего сока. В этом случае основу и сырье смешивают в соотношении 4:1, время кипячения сокращается до 1 минуты и нет необходимости процеживать смесь.

Мазь в отличие от крема не впитывается в кожу, а покрывает ее тонким слоем и не содержит воды. В качестве основы берут вазелин или мягкий парафин.

В миске на водяной бане расплавляют 500 г основы, добавляют 60 г сухого или 150 г свежего растительного сырья и нагревают на слабом огне 2 часа. Затем смесь сливают через марлю, отжимают остатки и горячей разливают по баночкам.

Растительное сырье, как и при приготовлении крема, может быть в виде порошка, экстракта, настойки или свежего сока. При этом условия приготовления меняются также.

Компресс применяется наружно для заживления ран, лечения травм, при легких ожогах, обморожениях и головных болях.

Мягкую чистую хлопковую или льняную ткань удобного размера смачивают в горячем, а в отдельных случаях, например при головной боли, холодном настое, отваре или настойке, разведенной водой, отжимают и прикладывают к больному месту. Когда ткань высохнет, компресс можно снять.

Аппликация — это накладывание на больное место свежих или сухих частей растения. Ее готовят разными способами:

— свежие или сухие части растения измельчают, отваривают 3—5 минут, воду сливают, сырье слегка отжимают, накладывают на больное место и обматывают бинтом. Этот способ называется *припаркой*. Больное место можно предварительно смазать жиром, чтобы масса не прилипала;

— из порошка и небольшой части воды можно изготовить *пасту*, нанести ее на больное место и сверху обмотать тонкой льняной тряпочкой;

— свежие большие листья можно помять (если нужно чтобы появился сок) или измельчить, приложить на больное место и обмотать бинтом. Этот способ называется *холодной аппликацией.*

Аппликацию меняют каждые 1—3 часа по мере необходимости.

Лосьон — это водный раствор, изготовленный на основе сока растения. Его применяют для охлаждения и успокоения при раздражении кожи. Обычно лосьон готовят так: смешивают 50 мл воды, 25 мл сока растения и 20 мл настойки этого растения. Настойку добавляют для усиления холодящего эффекта.

При употреблении лосьон наносят на ватку, которой протирают воспаленные места 3—4 раза в день.

Первая помощь при отравлениях лекарственными препаратами

Что необходимо знать при приеме препаратов, изготовленных дома:

- Приступить к лечению можно только после консультации с врачом.
- Следует внимательно ознакомиться с противопоказаниями.

• Все рецепты, предназначенные для приема вовнутрь, рассчитаны на взрослого человека. Поэтому детям до года следует уменьшить дозировку в 3—5 раз, от 3 до 7 лет — в 2—3 раза, от 7до 14 лет — в 1,5—2 раза.

• Если средство впервые используется, то в первые 1—3 дня принимают половинную дозировку лекарственного препарата, и, если организм хорошо переносит его, только тогда переходят на нормальную дозировку.

• Если лекарство явно не помогает, следует прекратить его прием и применить другие методы лечения.

При отравлении лекарственными препаратами из растений необходимо удалить препарат из организма и замедлить всасывание лекарства.

• Выпить 4—5 стаканов подсоленной теплой воды и затем вызвать рвоту, раздражая корень языка пальцами.

• Сделать слабый раствор калия перманганата (марганцовки) и выпить. Это помогает окислению ядовитых продуктов.

СПИСОК РЕКОМЕНДУЕМОЙ ЛИТЕРАТУРЫ

Жизнь растений: В 6 т. — Москва: Просвещение, 1980.

Тавлинова Т. К. Цветоводство. — Ленинград: Лениздат, 1970.

Сербина Е. Комнатные растения. — Москва: Рипол классик, 2000.

Александрова М. С. Среди цветов. — Москва: Дом, 2000.

Лихонин А. С. Комнатное цветоводство. — Нижний Новгород: Времена, 2000.

Garten. — 1957. — № 12.

Хессайон Д. Г. Все о комнатных растениях. — Москва: Кладезь-Букс, 1999.

Юхимчук Д.Ф. Комнатное цветоводство. — Киев: Урожай, 1977.

Пенелопа Оуди. Полный медицинский травник. — Лондон: Дорлинг Киндерсли Лимитед (для издательства СЛОВО/SLOVO: Москва), 1993 г.

СОДЕРЖАНИЕ

Предисловие 3
Как растения попали на наши окна 7
Как растения получили свои имена 11
**Лекарственное использование растений
в древности** 15
Классификация комнатных растений 19
Цветущие растения 21
Декоративнолистные растения 22
Вьющиеся и ампельные растения 23
Как ухаживать за комнатными цветами 25
Что такое растение 26
Смена сезонов года и комнатные растения 30
Необходимые условия выращивания 33
Световой режим 33
Тепловой режим 35
Воздушный режим 37
Режим полива 38
Подбор емкости 41
Почему нужны удобрения 42
Органические удобрения 44

Минеральные удобрения 45
Микроэлементы 46
Прищипывание и обрезание 47
Размножение растений 50
Размножение семенами 50
Вегетативное размножение 52
Пересаживание растений 53
Уход за растениями во время отпуска 57
Популярные комнатные растения 60
Агава американская 61
Алоказия 67
Алоэ 71
Альпиния 81
Аморфофаллюс 86
Аспидистра 90
Аукуба 94
Вистерия 98
Гардения 101
Гедихиум 105
Гибискус 109
Говения 114
Гортензия 118
Жасмин 123
Зебрина 127
Зефирантес 130
Индийский лук 135
Инжир 139

Ирис 145
Кактус 149
Каланхоэ 155
Каллизия душистая 161
Камелия 176
Камнеломка 184
Кофейное дерево 188
Кринум 192
Лавр 197
Монстера 202
Османтус 206
Пассифлора 210
Пеларгония 216
Перец комнатный 220
Плющ 226
Понцирус 230
Псидиум 233
Птерис 237
Рафидофора 240
Рео 243
Саговник 247
Сансевиерия 250
Традесканция 254
Трахикарпус 259
Туя 262
Фатсия 267
Фейхоа 270

Фикус ... 274
Фортунелла ... 278
Хойя ... 280
Цикламен ... 283
Цитрусы ... 291
Эриоботрия ... 301
Приобретение комнатных растений ... 305
Аранжировка комнатных растений ... 308
Одиночное растение ... 309
Композиция из нескольких горшечных растений ... 310
Комнатный садик ... 313
Размещение растений в комнатах ... 323
Фон ... 323
Освещение ... 325
Основные места расположения растений в комнате ... 326
Гостиная ... 330
Столовая ... 331
Спальная комната ... 333
Кухня ... 334
Прихожая ... 335
Зимний сад на балконе ... 336
Почему растения болеют и как с этим бороться .. 338
Физиологические заболевания ... 340
Определение недостатка элементов питания по внешним признакам растений ... 341
Наиболее распространенные вредители и методы борьбы с ними ... 345

Грибковые заболевания 348
Бактерии и вирусы 350
Основные лекарственные формы из растительного сырья 352
Сбор и хранение растений 352
Биологически активные вещества растений 357
Приготовление лекарств 366
Первая помощь при отравлениях лекарственными препаратами 376
Список рекомендуемой литературы 378

Т. Ягмешина

ЦЕЛИТЕЛЬНЫЕ КОМНАТНЫЕ РАСТЕНИЯ

Ответственный редактор *Л. Клюшник*
Редактор *Е. Темлякова*
Художественный редактор *Н. Кудря*
Компьютерная верстка *Т. Ягмешина, И. Родионова*

ООО «Издательство «Эксмо»
127299, Москва, ул. Клары Цеткин, д. 18, корп. 5. Тел.: 411-68-86, 956-39-21.

Оптовая торговля книгами «Эксмо» и товарами «Эксмо-канц»:
ООО «ТД «Эксмо». 142700, Московская обл., Ленинский р-н, г. Видное,
Белокаменное ш., д.1. Тел./факс: (095) 378-84-74, 378-82-61, 745-89-16.
Многоканальный тел. 411-50-74. **E-mail: reception@eksmo-sale.ru**

Мелкооптовая торговля книгами «Эксмо» и товарами «Эксмо-канц»:
117192, Москва, Мичуринский пр-т, д. 12/1. Тел./факс: (095) 932-74-71.
127254, Москва, ул. Добролюбова, д. 2. Тел.: (095) 745-89-15, 780-58-34.
www.eksmo-kanc.ru e-mail: kanc@eksmo-sale.ru

Полный ассортимент продукции издательства «Эксмо» в Москве в сети магазинов «Новый книжный»:
Центральный магазин — Москва, Сухаревская пл., 12
(м. «Сухаревская»,ТЦ «Садовая галерея»). Тел. 937-85-81.
Информация о других магазинах «Новый книжный» по тел. 780-58-81.

В Санкт-Петербурге в сети магазинов «Буквоед»:
«Книжный супермаркет» на Загородном, д. 35. Тел. (812) 312-67-34
и «Магазин на Невском», д. 13. Тел. (812) 310-22-44.

Полный ассортимент книг издательства «Эксмо»:
В Санкт-Петербурге: ООО СЗКО, пр-т Обуховской Обороны, д. 84Е.
Тел. отдела реализации (812) 265-44-80/81/82/83.

В Нижнем Новгороде: ООО ТД «Эксмо НН», ул. Маршала Воронова, д. 3.
Тел. (8312) 72-36-70.

Подписано в печать 12.04.2005.
Формат $60\times90^{1}/_{32}$. Печать офсетная. Бумага тип. Усл. печ. л. 12,0.
Тираж 7 000 экз. Заказ № 2298

Отпечатано во ФГУП ИПК "Ульяновский Дом печати"
432980, г. Ульяновск, ул. Гончарова, 14